A ~~MENINA~~ MULHER QUE VIVIA DE PROPÓSITO

A MULHER QUE VIVIA DE PROPÓSITO

Design de capa: Rafael Brum

Projeto gráfico e diagramação: Bruno Ortega

Ilustrações e Lettering: Cibele Maldonado

Revisão: Hellen Suzuki

Dados Internacionais de Catalogação na Publicação (CIP)
(Câmara Brasileira do Livro, SP, Brasil)

Barão, Branca
A mulher que vivia de propósito / Branca Barão. --
São Paulo : DVS Editora, 2022.

ISBN 978-65-5695-042-6

1. Autoajuda 2. Autenticidade 3. Felicidade
4. Harmonia 5. Histórias de vida 6. Integridade
7. Maturidade (Psicologia) 8. Protagonismo
9. Realização 10. Sucesso I. Título.

21-83863 CDD-158.1

Índices para catálogo sistemático:

1. Propósito de vida : Psicologia aplicada 158.1

Maria Alice Ferreira - Bibliotecária - CRB-8/7964

Nota: *Muito cuidado e técnica foram empregados na edição deste livro. No entanto, não estamos livres de pequenos erros de digitação, problemas na impressão ou de uma dúvida conceitual. Para qualquer uma dessas hipóteses solicitamos a comunicação ao nosso serviço de atendimento através do e-mail: atendimento@dvseditora.com.br. Só assim poderemos ajudar a esclarecer suas dúvidas.*

A ~~MENINA~~ MULHER QUE VIVIA DE PROPÓSITO

BRANCA BARÃO

DVS EDITORA

www.dvseditora.com.br

São Paulo, 2022

Quando conheci a Branca, a primeira coisa que notei foi a sua força interior com um equilíbrio perfeito de doçura e sabedoria, ela realmente me inspirou.

Para mim ela é uma mulher que representa perfeitamente o título do seu novo livro: A mulher que vivia de propósito.

Quando li o livro, estava imersa numa experiência que acontece em diferentes dimensões.

Branca tem a graça que nos guia, através da sua maneira de narrar, de uma forma agradável, profunda e criativa, através de experiências, reflexões e exercícios práticos para que possamos entrar no nosso mundo interior e assim encontrarmos o nosso propósito na vida.

O tema subjacente ao seu trabalho é tão amplo e ao mesmo tempo simples e específico que nos levam, através de valores e histórias, numa viagem de sensações, consciência, clareza e acima de tudo à nossa própria sabedoria.

Um livro a não perder, escrito por uma mulher que conseguiu superar todas as crenças limitantes, o boicote a si própria e que se torna a melhor viagem dentro de si para obter o tesouro do Seu Propósito de Vida.

GABRIELA MIERI,

FACILITADORA, COACH, MULHER E SOBRETUDO, UM SER HUMANO EM PROCESSO DE APRENDIZAGEM E EVOLUÇÃO.

Agradeço

Às mulheres que me deram o mundo:

Branca Ramalho, minha avó, e Bárbara Audrá, minha mãe.

Ao homem que me deu o palco:

João Barão, meu pai.

À turminha barulhenta e bagunceira que me mantém conectada à criança que eu fui um dia toda vez que abanam o rabo ou ronronam pra mim: Nutella, Zodd, Palomita, Jack, Joy, Oreo, Charlotte, Harley, Costelinha e Recruta.

À Cibele, por traduzir o meu propósito em arte, com tanta sensibilidade, em cada um dos desenhos deste livro.

À Cris, por alimentar com amor e admiração a minha disciplina, lendo e me dando feedbacks valiosos durante todo o processo de escrita.

À Gabriela, minha Coach durante um momento tão único em minha vida e que me deu o prefácio deste livro de presente.

Ao José Caraball por me mostrar que existe um jeito muito mais gostoso, mais leve e mais simples de se jogar o "Sudoko da Vida"! (Você pode ler mais sobre isso na página 65.)

À Nice, por me ensinar a conjugar o verbo desfrutar.

À Diná, por seu amor imenso, incondicional e gratuito.

À Lorena, por entrar na minha vida e tão rápido ocupar esse lugar tão importante: o de filha.

O brilho dos seus olhos me faz ver o meu próprio entusiasmo refletido em você.

Ao Gabriel, meu filho, por acrescentar orgulho na minha vida todos os dias, sendo o homem maravilhoso, sensível, inteligente e talentoso que você é.

Ao Ricardo, esse homem valioso, livre e abundante que resgatou de lá do fundo do poço a minha fé no amor. Você adiciona generosas doses de alegria em minha vida todos os dias.

Alê e Sérgio, meus editores queridos, por me chacoalhem de propósito até meu coração transbordar este livro!

À você que está com este livro em mãos agora, por ter ouvido o chamado do seu coração.

Este livro sou eu, pra vocês.

Sumário

Era uma vez ...

Uma menina que resolveu sair do castelo e enfrentar os próprios dragões.

Uma menina que escolheu se amar exatamente como ela era e fazer o melhor que podia com a realidade que tinha a cada momento.

Uma menina que resolveu enfrentar a voz que internamente a assombrava, dizendo que ela não era boa o suficiente.

Uma menina que teve coragem para saltar de paraquedas, mergulhar com tubarões e, principalmente, de ser ela mesma!

Essa menina não queria mais viver de acordo com a expectativa que os outros tinham sobre o que ela deveria ser ou fazer.

Ela aprendeu a se perdoar pelos erros do passado e a confiar mais em si mesma para poder, finalmente, caminhar na direção que ela mesma escolheu.

Ela decidiu que sobreviver não seria o suficiente.

Ela queria mais da vida.

Queria viver de propósito!

Buscou conhecer a si mesma e, no caminho, descobriu seu próprio significado de felicidade, sucesso e realização!

Então, se tornou uma mulher que vivia de propósito.

Toda vez que se olha no espelho, essa mulher vê a menina que foi um dia, sorrindo, cheia de orgulho de quem ela se tornou.

A mulher que vivia de propósito era feliz e sabia. Sua felicidade, era ela quem construía.

A Mulher que Vivia de Propósito é o livro que eu queria muito ter o poder de voltar no tempo para entregá-lo a mim mesma aos 20 ou 30 anos de idade.

Já que não posso, eu o entrego a você.

Não importa quantos anos você tenha, apenas faça bom uso dele.

Como?

Sendo a cada dia mais feliz, vivendo sua vida da forma mais plena que puder a cada momento e recebendo, de braços abertos, toda a abundância que a vida tem para você.

Assim, a minha e a sua vida terão valido a pena.

A menina que você foi um dia está prestes a tomar consciência de quem é, do que quer, de onde quer chegar e do que precisa fazer para alcançar esse lugar.

Quando isso acontecer, você se transformará em uma mulher realizada, íntegra, livre, feliz e que vive de propósito.

Você vai começar, a partir da próxima página, a olhar para si mesma e para a sua vida com outros olhos:

ESTE LIVRO FOI FEITO ESPECIALMENTE PARA VOCÊ,

MULHER inconFORMAda!

A sociedade em que vivemos e a cultura em que estamos inseridas tentam a todo momento nos colocar em uma “fôrma”. Essa fôrma também é conhecida por “Você deveria...” ou por “Você tem que...”.

Essa fôrma tenta nos mostrar, a todo momento, como deveríamos viver as nossas vidas e tomar nossas decisões, como se o caminho para a felicidade tivesse uma única direção.

O mundo nos apresenta, e muitas vezes até nos impõe, um significado de sucesso e realização que, na maioria das vezes, não tem nada a ver com quem somos de verdade e com aquilo que queremos em nosso coração.

Este livro é, antes de tudo, um convite para que você saia dessa fôrma e viva uma vida autêntica, o quanto antes, começando agora mesmo, de propósito.

Lembre-se: a partir de agora, a palavra *inconformada* se torna um tremendo elogio!

Apenas quem
não se conforma
com a
vida que tem,

Se permitirá
ir além...

vida
uma história com fim

Se você tem 40 anos ou mais, assim como eu, provavelmente entendeu a referência. Se tem menos de 40, terá que pesquisar no Google para descobrir, mas é fato que a vida não é *A História sem Fim*.

Eu sei que você sabe disso.

Também arrisco dizer que você evita pensar e falar sobre ela: a morte.

De toda natureza, nós somos os únicos animais que têm consciência de que um dia vão morrer.

Apesar de termos essa consciência de que a vida tem fim, muitas vezes, nós vivemos como se não tivéssemos.

Deixamos nossas metas de ano-novo para o próximo *réveillon*, adiamos a dieta que reconhecemos ser necessária para a próxima segunda-feira, deixamos conversas importantes para depois e fingimos que não vemos que a vida que gostaríamos de viver tem pouca, ou até mesmo nenhuma, semelhança com a vida que vivemos atualmente.

Vivemos como se fôssemos durar para sempre e, pensando assim, concluímos que a mudança que queremos não precisa ser feita agora, que podemos adiá-la indefinidamente, até que chegue aquele momento perfeito em que nos sentimos realmente prontas.

Você sabe que dificilmente nós nos sentiremos prontas de verdade para alguma coisa e, esperando o momento ideal, acabamos nos esquecendo de considerar que nosso tempo nesta vida é limitado.

Assim, evitamos até mesmo tocar naquele assunto que, para muitas de nós, traz ansiedade e medo: a morte.

Eu falo dela aqui, justamente, como um convite para valorizar a vida.

Para que você olhe o dia de hoje como o dia mais importante de todos.

Para que você entenda que o passado é um emaranhado de histórias e de memórias, e o futuro, um amontoado de possibilidades, enquanto o presente é o único momento em que realmente podemos fazer alguma coisa.

Em nossa cultura, pensar na morte pode parecer meio macabro, mas não é. É apenas realista. Costumamos não encarar a morte com tanta naturalidade quanto encaramos o nascimento. Na cultura ocidental, é natural fugirmos desse assunto.

É como se, ao pensar ou falar sobre a morte, isso fizesse com que ela fosse atraída para mais perto de nós.

O "vira essa boca pra lá" que sua avó dizia quando você fazia alguma previsão pessimista é apenas uma superstição, assim como quebrar um espelho não lhe dará sete anos de azar ou brindar sem beber não a deixará sete anos sem... Ah, você entendeu!

Fugindo de um assunto tão natural quanto nascer é que muita gente morre deixando um monte de problemas para quem fica, um monte de herança para quem não merece, e o pior de tudo: um monte de sonhos não realizados para trás.

Apesar de todo o mistério em torno do assunto, nós sabemos: a vida é finita e a morte, inevitável.

Vou pedir a sua permissão para colocar só mais um pouquinho de drama nesse papo.

Imagine que um infarte fulminante está chegando. Isso mesmo, um infarte com hora marcada! Em exatas 24 horas, você "partirá desta para melhor", "baterá as botas", "irá para o beleléu", "empacotará", "virará presunto", "dará seu último suspiro". (Viu só, quantas expressões a nossa sociedade usa para não precisarmos dizer que um dia nós vamos morrer?)

O que você fará nas suas últimas 24 horas de vida?

Você vai correr para fazer uma planilha do Excel, aproveitar para responder os e-mails que estão aguardando na caixa de entrada ou entrar no aplicativo do seu banco e paga alguns boletos adiantados por puro prazer? Você fará mais algumas reuniões, vai lavar os banheiros, brigar com seus filhos, porque eles não fizeram a lição de casa, ou com seu marido, porque deixou a toalha molhada em cima da cama?

Ou você aproveitará para andar de bicicleta e sentir o vento na cara, para tomar aquele sorvete que você adora e não toma faz tempo? Você se despede e diz para as pessoas mais importantes da sua vida que você as ama? Corre para abraçar, bem apertado, seus filhos e pede para que eles cuidem bem de si mesmos e vivam plenamente suas vidas? Vai para a cozinha e faz aquele delicioso brigadeiro, que só você sabe fazer, e come com uma colher diretamente da panela? Ou, ainda, pega seu carro e vai até o litoral para se despedir do mar, ver seu último pôr do sol e, depois, ainda espera para vê-lo nascer na praia?

Talvez, nessas últimas 24 horas, você se esqueça do seu celular e deixe muitas mensagens sem respostas no WhatsApp, porque decidiu se priorizar.

Talvez viva as últimas 24 horas que tem fazendo algo que realmente importa.

Provavelmente, nessas 24 horas que lhe restam, você experimentará sair do piloto automático que vive para desfrutar intensamente do pouco tempo que tem e experimente, por fim, uma vida que verdadeiramente considera valer à pena.

Talvez, apenas por essas 24 horas, você não pense que está gorda, que seus peitos estão caídos, que seu cabelo está feio, que seu nariz é grande ou que você esteja velha demais para usar determinada roupa.

Talvez perceba a bobagem que foi guardar aquela roupa nova no armário por tanto tempo, esperando um momento especial para estreá-la, e se arrependa de ter deixado o seu melhor vinho na despensa esperando uma comemoração à altura.

Talvez você não atenda às ligações de certas pessoas, talvez diga "não" para outras que lhe pedem alguma coisa que você não quer fazer, afinal de contas, você só tem mais 24 horas!

Talvez você decida engolir um total de "zero sapos" por 24 horas inteirinhas e talvez esta seja uma decisão inédita para você.

Talvez você, finalmente, deixe de se preocupar com o que os outros vão pensar daquilo que você escolheu fazer nesse seu último dia de vida.

Agora, imagine que a vida lhe reserva mais uma surpresa.

O que estava chegando não era um infarte fulminante, era apenas um "infartinho bem pequenininho". Tão pequeno que foi só você tossir e, pronto, a artéria desentupiu. Seu médico olhou para os exames e disse, incrédulo: "Não sei como isso aconteceu, só sei que aconteceu. Você está zerada. Ia morrer, mas não morreu! Por conta dos mistérios da vida, jamais entenderemos o porquê."

Agora, me diga: como você viverá, de agora em diante, os próximos dias, meses ou anos que acabou de ganhar de presente e que terão, para você, esse sabor delicioso de horas extras?

Se você me disser "Ah... eu vou voltar para o meu velho piloto automático, pagar os boletos, tentar emagrecer alguns quilos, fazer supermercado e continuar fazendo aquilo que os outros esperam de eu faça...", eu lhe sugiro largar este livro agora mesmo.

Afinal, este não é um livro para ser apenas lido; é um livro para quem tem coragem de fazer, do presente, um presente, diariamente. Para quem tem fé que a vida pode ser uma plena experiência de liberdade, de aventura, de paixão, de intensidade, de conexão, de beleza, de transparência e de leveza.

Para quem tem coragem de "sair do armário" da vida com tudo que se é, integralmente.

Para quem sabe que o medo vai acompanhá-la, mas que está disposta a perdê-lo ao longo do caminho.

Para quem sabe que não precisa estar com os dias contados para desfrutar da incrível oportunidade que representa estar viva.

Para quem escolhe viver o momento presente consciente de quem é, do que quer e de que a vida tem fim.

Este livro é sobre colocarmos intenção e direção em cada passo que damos e, assim, fazermos nossas escolhas com mais consciência, na direção da vida que nós queremos e merecemos.

Nele, você vai descobrir o seu propósito e os valores essenciais para viver feliz, realizada e plenamente.

Descobrir o seu propósito não é descobrir por que você nasceu ou o que deixará por aqui quando morrer. É aprender a desfrutar, com coragem e autenticidade, o intervalo. E viver na direção para qual aponta o seu coração, de hoje em diante...

até o fim

O piloto automático

O seu cérebro, ao contrário de você quando está em uma loja que ama com um cartão de crédito ilimitado na carteira, é econômico. O grande objetivo dele é, obviamente, mantê-la viva, e ele entende que, para fazer isso, é uma boa ideia economizar energia.

Ele ainda não entendeu que hoje, para você conseguir as calorias de que precisa para sobreviver, é só ter uns 50 reais na carteira e entrar em um *drive-thru*. Ele acredita que a gente ainda precisa plantar mandioca ou caçar um javali e sabe que isso leva tempo e gasta ainda mais energia, o que faz da intenção de economizá-la ainda mais nobre.

E seu cérebro tem, para isso, uma estratégia ótima: ele cria padrões, depois os segue, repetidamente.

Por isso, nós temos a tendência a repetir caminhos, restaurantes, sabores de pizza, viagens, crenças, comportamentos e erros. Isso não é bom nem ruim, é apenas o jeito como funcionamos.

Quando compreendemos isso, fica claro por que estamos namorando outra pessoa tão parecida com aquela que nos fez quebrar a cara da última vez, por que vamos sempre na mesma churrascaria, por que continuamos fazendo aquilo que nós sabemos que não está funcionando.

Quanto mais vezes repetimos um comportamento, maior é a chance de ele ser repetido novamente em uma próxima oportunidade. A cada repetição feita, nosso cérebro considera, cada vez mais, aquela como sendo a melhor escolha disponível. Faça isso por anos e, então, vai acreditar que repetir esse comportamento é a única escolha que você tem. Claro que não é. A vida é abundante em escolhas. Acontece que para nós, naquele momento, parece ser, e assim nós agimos, como se realmente houvesse uma única alternativa.

Se esta for uma boa opção de escolha, está tudo bem. Agora, se não for, nós temos um problema.

Se o comportamento em questão for ser agressiva, gritar, fazer drama, se boicotar, independentemente do contexto, não acredito que esta seja a melhor escolha disponível, entretanto agimos como se não tivéssemos outra opção.

Podemos chamar essa tendência a criar padrões e repeti-los automaticamente de *piloto automático*. Muitas vezes, é assim que escolhemos o que fazer, repetindo o que já fizemos muitas vezes.

Costumamos nem nos dar conta de que é o nosso piloto automático quem está escolhendo por nós. Boa parte das escolhas que fazemos na vida são feitas assim: inconscientemente.

A chave para você viver a vida que você quer é tomar consciência dos padrões de comportamentos que costuma repetir, pois apenas isso lhe permitirá definir quais são os que a levam a viver a vida que quer e quais são os que a impedem.

Vamos treinar o nosso piloto automático a fazer mais daquilo que funciona e menos daquilo que não funciona para nós.

O seu piloto automático assumirá o controle vez ou outra, isso é um fato.

Também é fato que nós podemos treinar nosso piloto automático para funcionar em um padrão de crescimento e de expansão, e essa, a partir de agora, é nossa missão.

A PANDEMIA da normalidade

Quando muitas pessoas, cada uma sendo guiada por seu próprio "piloto automático", resolvem viver em sociedade, nós sofremos uma normose: a doença da normalidade.

Normose é o nome de um livro de autoria de Jean-Yves Leloup, Pierre Weil e Roberto Crema, publicado em 2003, que a define como: "Um conjunto de hábitos considerados normais pelo consenso social que, na realidade, são patogênicos e nos levam à infelicidade, à doença e à perda de sentido na vida".

A normose é a grande inimiga de uma vida com propósito. É a sociedade no piloto automático, achando normal coisas que não são boas para nós ou para os demais.

Fumar em avião já foi normal, em restaurantes, também. Eu mesma já vivi em um mundo em que fumar era permitido em qualquer lugar, inclusive em lugares fechados, de onde os incomodados é que deveriam se retirar. Casar virgem era mais que normal, era quase uma obrigação. Tem gente que considera normal acreditar que a Terra é plana, não tomar vacina ou não vacinar os filhos. Quanto maior for o grupo de pessoas que pensa ser normal algo prejudicial, mais "lascados" estaremos como os seres sociais que nós somos.

Não dá para viver em grupo sem buscar se encaixar; é natural, é "normal".

Consideramos normal tudo aquilo que está dentro do que pensa, diz e faz a maioria das pessoas em um determinado contexto. Normal é tudo aquilo que é a regra, e não a exceção.

A repetição de algo, bom ou ruim, gera a normalidade. Se algo é considerado normal, torna-se cultural: "Aqui as coisas funcionam assim". Isso nos dá, inclusive, a impressão de que sempre foi dessa forma e que assim deve permanecer. Isso vale para uma família, para um casal, uma empresa, um país.

O normal não é necessariamente bom nem ruim; é apenas aquilo com o que fomos nos acostumando e tornamos padrão.

Achamos normal manter um casamento infeliz durante anos por causa dos filhos. Achamos normal ver gente sem-teto, morando na rua e passando fome. Achamos normal ver crianças vendendo bala no semáforo. Achamos normal o pai sumir, e a mãe assumir toda a responsabilidade na criação dos filhos. Achamos normal, inclusive, julgar como errado aquilo que é não é o normal.

Nosso piloto automático passa a compreender que, se algo é considerado normal, pode e deve ser repetido. Afinal de contas, se todo mundo faz, deve ser bom ou correto, logo, eu devo fazer o mesmo.

É o gatilho da prova social mostrando como funciona, na prática.

Desde quando isso acontece? Desde que nós éramos "mulheres das cavernas" e víamos um grupo de pessoas correndo, gritando e fugindo de algo. Mesmo sem ter nem ideia do que aquelas pessoas estavam fugindo, sabíamos que era melhor correr na mesma direção do que "esperar para ver". Quem pensou diferente não sobreviveu para contar a história, muito menos para ensinar os filhos a agirem de forma diferente.

Historicamente, nós aprendemos a correr com a "manada", e isso se tornou um padrão social interessante de ser observado e refletido.

Você quer ser uma pessoa normal, vivendo uma vida normal?

Eu não quero. Uma vida normal é, na melhor das hipóteses, uma vida medíocre, na média. E eu, honestamente, duvido que você queira isso.

Você está aqui, agora, decidida a refletir sobre tudo isso, certamente, porque deseja viver uma vida extraordinária. Não sei se você reparou, mas a diferença entre uma vida ordinária e uma vida extraordinária é apenas um pequeno "extra" na frente.

Assim, se tornarmos essa normose, em que estamos inseridas, consciente, se refletirmos e ponderarmos sobre ela, não nos condenaremos a viver uma vida mediana. A consciência da normose nos permitirá colocar esse pequeno "extra" de intenção, direção, autenticidade e liberdade perante as escolhas que fizermos, em cada situação ordinária que a normalidade nos apresentar.

"Só os medíocres aspiram à normalidade."
— Carl Jung

Dessa forma, poderemos escolher: se há cheiro de fumaça, eu saio correndo na mesma direção da multidão; se não há, vou verificar, entender o que está acontecendo e decidir o que fazer de forma intencional, e não automática, por mais que eu seja julgada como "louca" por quem saiu correndo.

Se tem um adjetivo com o qual me rotularam muitas vezes nessa vida foi esse. Claro que nenhuma de nós quer ser considerada "louca" pelas pessoas de quem gostamos ou com quem convivemos, e isso também contribui para que a gente se conforme e queira, muitas vezes, a um custo muito alto, se tornar normal.

No meu aniversário de 42 anos, eu ganhei de presente de uma cliente, que acabou se tornando uma grande amiga, Sandra Ferraz, um quadrinho com a uma frase que, apesar de não ter o crédito da autora (tenho convicção de que quem pensou nesta frase, pela primeira vez, foi uma mulher!), eu deixo aqui, de presente para você:

QUANDO ME DIZEM:

"Você enlouqueceu"

eu sei que estou

no

CAMINHO CERTO!

Uma ponte a ser cruzada

Imagine que bem no meio da vida tem uma ponte.

Alguns de nós passam a vida inteira sem nem pensar em cruzar essa ponte. A maioria, na verdade, nem se dá conta de que ela existe. Outros veem que ela está lá, mas preferem ficar do lado de cá.

Também tem aqueles que cruzam a ponte na sexta-feira e retornam na segunda, logo cedo.

É a ponte do propósito.

Para fazer essa travessia, é preciso conhecer quem somos, descobrir o que realmente queremos, conhecer a fundo a nossa essência, ouvir a nossa própria verdade, encontrar o nosso significado individual de felicidade.

Reconhecer o que queremos de verdade é um passo.

Colocarmo-nos como prioridade em nossas escolhas, outro.

Dizer "não" a todo resto, mais um passo bem importante.

Cada passo que damos nessa travessia nos leva para mais perto de quem somos de verdade e da vida que queremos viver.

Essa vida existe e está logo ali, do outro lado dessa ponte, muito mais perto do que você imagina.

É preciso muita coragem para atravessá-la. Não por ser uma ponte perigosa, mas, simplesmente, porque estamos acostumadas a viver do lado de cá.

O piloto automático, que você já conhece e que nos faz acordar todos os dias na mesma hora e fazer as mesmas coisas do mesmo jeito, nos diz que nossa vida é razoavelmente boa assim como está. Nós aprendemos a acreditar que está tudo bem viver apenas uma vida razoavelmente boa.

Então, tomamos uma decisão: "Ah... na próxima segunda-feira, eu começo a atravessar essa ponte!" Mas esta é apenas uma decisão de "faz de conta", assim como tantas promessas que costumamos fazer a nós mesmas.

A rotina continua nos impondo tantas tarefas, muitas delas bobas, sem importância nenhuma, com as quais acabamos nos distraindo dia após dia. Distraídas, continuamos vivendo nossas vidas "ok", esquecendo completamente que aquela ponte está lá.

Fazemos de conta para nós mesmas que a vista de cima dessa ponte nem é "lá essas coisas", que o que tem do outro lado é "uma grande bobagem", que querer atravessá-la é coisa de "gente que não tem o que fazer" ou, ainda, de uma pessoa ingrata que não dá valor ao que tem, e que se conformar com a vida que você tem hoje é "o que Deus quer de você". Afinal, "Ele dá o frio conforme o cobertor", não é mesmo? Então, já que a vida que vivemos deve estar de acordo com o que Deus quer, nos conformamos.

Eu gosto de pensar em Deus de um jeito um pouco diferente. Penso nEle como um cara poderoso, grandioso e sábio. Ele nos colocou aqui como sua imagem e semelhança (poderosas, grandiosas e sábias), com um objetivo claro:

Vivermos a melhor vida que pudermos.

Conformadas com a vida que temos, não agradamos a esse Cara. Vivendo plenamente e nos realizando no caminho, sim.

Na minha percepção, ser feliz é uma oração.

Religião, para mim, é uma religação entre a vida que eu vivo com a pessoa que eu sou, de verdade, em essência.

Atravessar essa ponte é levantar a cabeça, ter coragem de amar a si mesma e à sua história, assumindo que, no meio da palavra "Deus", tem *eu*. É aceitar que viver plenamente é a forma mais "correta" de viver a vida que nós ganhamos dEle como presente, e que essa é a nossa maior responsabilidade.

"Como fazer isso?", você pode estar se perguntando.

Cruze a ponte.

Diminua, a cada passo, a distância entre a vida que você tem hoje e a vida que você quer viver.

Diminua, a cada passo, a distância entre a pessoa que você acha que deveria ser de quem você é de verdade.

E aprecie a vista durante a travessia.

A travessia

Você conhece a história do equilibrista francês Philippe Petit? Ele ficou famoso por atravessar, se equilibrando em um cabo de aço, as Torres Gêmeas nos Estados Unidos, em agosto de 1974. Na época, eram os prédios mais altos do mundo.

Foi feito um documentário sobre ele, que também escreveu um livro contando a própria história e a façanha que realizou. Se você procurar no YouTube, vai encontrar até mesmo vídeos nos quais ele conta pessoalmente o que estava por trás do seu feito, que foi considerado o "crime artístico do século".

Em 2015, com o mesmo diretor de *Forrest Gump*, foi lançado um novo filme: *A Travessia*. Assista-o e acompanhe Petit na travessia durante o filme, para que, em seguida, você componha a sua.

A história de Philippe Petit nos mostra desde a decepção de seus pais por terem um "filho do circo", a falta de apoio até a luta solitária de quem decidiu ouvir, em volume mais alto, aquilo que diz o próprio coração.

A grande realização de Philippe Petit foi ter coragem de se assumir equilibrista. A distância entre a decisão tomada e a realização é enorme. E o filme nos mostra, durante toda a narrativa, que a parte mais importante é justamente a jornada.

A grande realização final é a consequência de cada passo dado durante toda a jornada.

Para realizar também a sua grande travessia, você precisa começar deixando claro para si mesma que travessia é essa.

Quais são as suas "Torres Gêmeas"? Ou, melhor ainda, qual é o grande espaço vazio entre o lugar onde você está agora e aquele aonde você deseja, de todo coração, chegar?

Quando nós somos crianças, não existem limites. Nem mesmo a gravidade ou qualquer outro filtro óbvio é considerado um limite nessa fase da vida.

Bailarina, super-heroína, astronauta, médica, treinadora de golfinhos, professora de português...

No entanto, nos tornamos adultas e passamos a censurar os próprios sonhos. Ouvimos dentro da gente, muitas vezes, uma voz que diz "Quem você pensa que é para ser, ter ou querer isso?" ou, ainda, "Que bobagem querer isso, parece uma criança cheia de vontades!", "Amadureça, criatura, a vida real, as responsabilidades e os boletos estão batendo aí à sua porta!".

Com o nobre objetivo de sermos responsáveis e maduras aos olhos do mundo, deixamos nossos próprios sonhos para depois.

Sonhos diminuem no decorrer do tempo. Quanto mais os adiamos, menores eles se tornam. Até que, um dia, perdemos completamente a capacidade de entrar em contato com eles.

O que nós faremos aqui é justamente nos reconectarmos à nossa capacidade de sonhar alto. Nós já nascemos com essa capacidade e não a perdemos no caminho. Apenas deixamos que ela ficasse soterrada em meio a boletos, responsabilidades, obrigações e chatices da vida adulta.

Resgatá-la significa voltar a acreditar que vale a pena sonhar e dar os passos necessários para cruzar essa ponte.

Então, vamos lá?

Não responda as perguntas abaixo como um adulto que faz uma prova e sabe será avaliado por alguém que sabe mais do que ele depois. Responda-as com a consciência de que não existem respostas certas nem erradas e que ninguém a aprovará ou reprovará depois!

Responda-as como uma criança que brinca de ser gente grande. Apenas dê permissão ao seu coração, de modo que ele possa "querer o que quiser"!

1. O que você queria ser quando era criança?

____

____

____

2. Existe alguma relação entre isso e o que você faz em sua vida hoje? Qual?

____

____

____

3. Se você hoje fosse exatamente o que queria ser quando era criança, que tipo de experiência estaria vivendo agora?

____

____

____

4. Quais os valores estariam presentes na sua vida caso isso tivesse se tornado realidade?

____

____

____

5. Quais são os pequenos passos que você pode começar a dar agora para que, de alguma maneira, realista e possível, você se reconecte à sua essência sonhadora?

___

___

___

6. Como descreveria, para si mesma, a sua essência?

Comece completando as frases abaixo, por mais que, a princípio, pareça difícil.

Eu sou uma boa pessoa porque eu... ___

___

O que eu tenho de mais bonito e valioso é... ___

___

O grande valor que transborda do meu coração é... ___

___

O que eu mais gosto de ser quem eu sou é... ___

___

Eu me divirto comigo mesma quando eu... ___

___

As qualidades que, geralmente, as pessoas reconhecem em mim são... ___

___

Terminou? Tenho uma notícia para você: você acabou de dar o primeiro passo e já está em cima da ponte. Já pode sentir o vento fresquinho da liberdade batendo suavemente no seu cabelo e o sol, morno e aconchegante, batendo no seu rosto, como quem a convida a dar o próximo passo.

Você já tem, aí dentro de você, todos os recursos de que precisa. O que faremos, a partir de agora, é aprender a acessá-los.

A COMPREENSÃO QUE TEMOS SOBRE O QUE SIGNIFICA PROPÓSITO FOI SE ATUALIZANDO AO LONGO DO TEMPO.

ELA ACONTECE EM TRÊS NÍVEIS DISTINTOS E EVOLUIU CRONOLOGICAMENTE NESTA ORDEM.

PRIMEIRO NÍVEL:

PROPÓSITO DIVINO

Ser feliz significa: ir para o céu quando você morrer!

Direcionador da vida: Deus. Afinal de contas, só Ele sabe por que mandou você para cá.

Para viver com propósito: obedeça às normas de Deus ou da Igreja, seja resignada e aceite passivamente os castigos e as bênçãos que Ele lhe mandar. Seja a melhor pessoa que puder aos olhos dos demais, cuide dos outros, faça aquilo que imagina que deixaria Deus feliz, mesmo que isso signifique ficar casada mais 25 anos com a mesma criatura insuportável, já que casamento é algo, segundo a Igreja, até que a morte os separe.

Em um primeiro nível, temos o propósito como sendo o "plano do Senhor para a nossa vida". Trata-se da ideia de que Deus arquitetou todo um plano mirabolante para nós e que viemos ao mundo com um destino previamente traçado e, assim, nos resta apenas aceitar, obedecer e aguentarmos firmes aquilo que Deus quis para a nossa vida.

"Deus ajuda quem cedo madruga!", "Deus dá o frio conforme o cobertor!", "Deus tarda, mas não falha!", "Deus escreve certo por linhas tortas!" e "O futuro a Deus pertence" são ditados que deixam bem claro que acordar cedo, aguentar firme os sofrimentos impostos pela vida (sejam eles uma dor física, um marido infiel, um trabalho entediante ou um chefe estúpido), esperar passivamente que aconteça aquilo que deseja, ter muita paciência e, principalmente, fé de que existe um propósito maior para tudo e que você não tem poder nenhum sobre o que será do futuro resumem bem a compreensão de propósito neste nível.

"Muitos são os planos no coração do homem, mas o que prevalece é o propósito do Senhor."
— Provérbios 19:21.

Aquilo que queremos, por mais ardente que seja, não tem muito valor se pensarmos a partir deste nível de compreensão. É o "aceita que dói menos" da vida!

É a fé em Deus utilizada como desculpa para não vivermos plenamente e para não nos responsabilizarmos por nossos resultados e pelo nosso próprio destino.

É cômodo colocarmos a culpa pelo fiasco que está a nossa vida toda nEle. Eu, honestamente, acredito que Deus espera mais da gente do que rezar e pedir para que Ele mude o rumo das coisas.

Pessoas quando estão neste nível de compreensão geralmente são aquelas que reclamam de tudo e, logo depois, se conformam ou confortam a si mesmas colocando toda a "culpa" no Cara lá de cima!

"Ah... Deus quis assim e Ele sabe o que faz, né?"

É bom mesmo que Ele saiba, já que, quando nós estamos neste nível de consciência, não fazemos a menor ideia!

SEGUNDO NÍVEL:

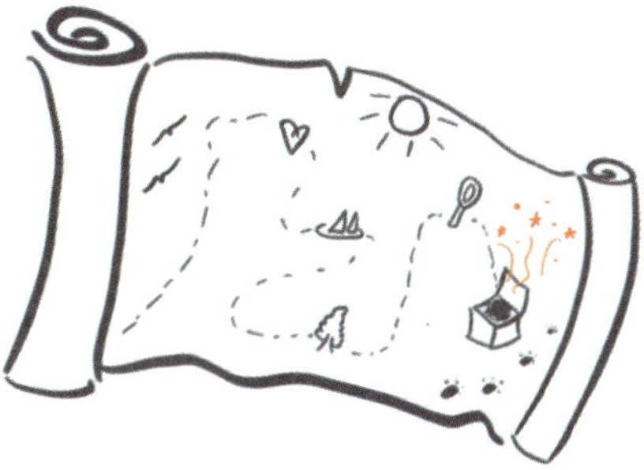

Propósito é cumprir uma missão!

Ser feliz significa: ter sucesso, crescer profissionalmente, fazer tudo que pudermos para mudarmos o mundo à nossa volta, alcançar resultados incríveis, ter uma carreira brilhante.

Direcionador de vida: o trabalho, a carreira. Algo precisa ser realizado por mim para que a minha vida tenha valor. Eu sou aquilo que crio, realizo, produzo.

Para viver com propósito: faça algo que mude o mundo, cause impacto positivo nos demais, gere resultados.

Temos, neste nível, a oportunidade de definir um propósito para nós. A partir do momento em que descobrimos esse propósito e agimos na direção dele, prestaremos um serviço ao mundo. Ganhamos protagonismo e passamos a ter algum poder sobre o nosso próprio destino. Isso é ótimo.

Entretanto, nesse pacote, também pode vir um tanto de ansiedade, comparação e competição com os outros e frustração, já que vivemos considerando nossos resultados como sendo a nossa principal busca.

Valemos aquilo que entregamos.

Somos aquilo que produzimos.

Acabamos sentindo um nível de felicidade proporcional aos resultados que temos.

É nítido que demos um passo bem importante quando passamos do primeiro para o segundo nível de consciência. Assumimos as rédeas.

Quando o porquê de fazer algo esconde valores relevantes, como paixão, entusiasmo, amor, para que aquilo seja feito, nós faremos de maneira muito melhor aquilo que escolhemos fazer. Nossos resultados se tornam consequência de um trabalho feito com propósito. Apesar de ainda ser bastante direcionado às empresas e às lideranças, já podemos abraçá-lo como algo que tem a ver com cada uma de nós, independentemente de fazermos ou não parte de uma organização.

Começamos a compreender propósito como aquilo que define a direção das nossas ações, ainda que bastante direcionado aos resultados profissionais: por que eu faço o que faço? Quais são os valores que estão por trás das coisas que faço? Quais são os resultados que tenho como consequência?

Depois de mais de duas décadas atuando em treinamento e desenvolvimento de pessoas em grandes empresas, não tenho nenhuma dúvida de que um profissional que faz a diferença em uma equipe é aquele que age com motivação, disciplina, protagonismo, coragem e paixão. Resultados incríveis são alcançados com essa consciência. Para isso, uma cultura com clareza do propósito e dos valores que são considerados essenciais, para aquela empresa, é fundamental, assim como a liderança se manter empenhada em transmitir essa cultura para a equipe numa reação em cadeia, até que se torne rotina. Quando isso acontecer, os clientes finais também sentirão a diferença e, obviamente, os resultados da organização mudarão.

Assim, o termo *propósito* se tornou “moda” no mundo corporativo.

Foi uma revolução na área de treinamento e desenvolvimento das empresas que até então estavam habituadas a treinar ferramentas (*o que fazer*) e competências comportamentais (*como fazer*).

Elas perceberam que, apesar de continuar sendo necessário treinar, e muito, todas essas coisas, sem um propósito claro (um *porquê* para fazer) que realmente motivasse e engajasse essas pessoas a "colocarem o coração no negócio", se tornaria impossível sustentar as competências treinadas a longo prazo.

Ao mesmo tempo em que isso é tão positivo e nos permite olhar para uma profissão, carreira ou negócio procurando o tal "porquê" mais importante, pode gerar também uma angústia bastante significativa.

"Sou importante apenas se eu for reconhecida por realizar algo importante."

"Meu valor como ser humano é proporcional ao valor que eu entrego ao mundo."

"Minha felicidade pode ser medida pelo meu sucesso."

"Sendo assim, se eu não tiver o iPhone 437 X Max Plus, não poderei ser feliz!"

Certo? Não, errado...

Para compreender isso, convido você a compreender essa nova forma de olhar para a vida: seu propósito como algo maior, que está além da profissão, mas a inclui, assim como inclui todas as demais áreas da sua vida.

Seu propósito não é apenas um "porquê" de fazer o que faz no trabalho e na carreira ou, ainda, um "porquê" de escolher uma área para empreender.

SEU PROPÓSITO É UM PORQUÊ DE VIDA INTEIRA!

TERCEIRO NÍVEL:

Propósito é ser feliz

Ser feliz significa: descobrir o significado autêntico de felicidade e coragem e viver nessa direção.

Direcionador de vida: uma extensa e profunda busca por autoconhecimento para que possamos viver o que compreendemos como uma vida que valha a pena.

Para viver com propósito: tome cada vez mais consciência de quem você é e daquilo que quer; aja, então, intencionalmente na direção de seu próprio significado de felicidade, realização e sucesso.

Neste nível, temos o autoconhecimento, a busca da autonomia, a priorização do eu, a sensação de plenitude, da autenticidade e da valorização da liberdade individual, da autopermissão para mudar de direção quando não estivermos felizes, e o direito de não nos encaixarmos nos padrões sociais.

A busca por um propósito se torna uma jornada de autoconhecimento e uma grande aventura de autodescoberta.

Quando colocamos elementos como dinheiro, ascensão na carreira e reconhecimento externo como objetivos centrais, corremos o risco de vivermos “de trás para frente”, como se a felicidade fosse um prêmio dado a quem alcança determinados resultados e apenas depois de alcançá-los nos tornássemos merecedores de felicidade.

Como se sucesso fosse o único objetivo da vida, e a felicidade, a grande recompensa!

Afinal, como eu posso ser feliz se ainda não encontrei o amor da minha vida ou se ainda não me formei? Como posso ser feliz se ainda não descobri o meu propósito profissional, não comprei minha casa própria, não falo inglês fluentemente ou ainda não conclui aquele MBA em Massachusetts?

Essa visão pode fazer com que passemos a vida nos cobrando enquanto esperamos chegar, finalmente, o momento de desfrutar, sendo que não sabemos quando e se, algum dia, essa hora chegará.

Nós somos seres ambiciosos, sempre estaremos mirando em um ponto no futuro para alcançar algum objetivo. E isso é bom. O que não é bom é não nos darmos o direito de sermos felizes enquanto isso. Isso faz com que a gente empurre a felicidade lá para o futuro.

Quando colocamos a felicidade no futuro, ela nunca mais estará no mesmo lugar que nós.

Quando ousamos colocar a felicidade no mesmo momento e lugar em que nós estamos, aqui e agora, tanto o trabalho que realizamos quanto os resultados que alcançamos assumem seus devidos lugares, e esse lugar nunca deveria ter sido o centro da nossa história.

Trabalho, carreira, dinheiro, assim como saúde, família, amor, amigos, estudos e viagens, são áreas da sua vida e funcionam como setores em uma empresa.

Seu propósito é maior que cada uma delas.

Seu propósito está acima e abraça igualmente todas as áreas da sua vida.

O nome disso é *integridade*.

Quando decidimos viver de forma íntegra, sem deixar nenhuma parte importante nossa pelo caminho, alcançamos a paz, a calma e a presença que tanto buscamos e que nos pareceu, tantas vezes, tão difícil de encontrar.

Dessa forma, com as coisas bem encaixadas, estaremos livres para sermos felizes agora mesmo, com a vida como está nesse exato momento, enquanto buscamos realizar nossos sonhos e objetivos e nos mantemos ambiciosas e em busca de realização.

Em vez de procurarmos um propósito como sendo algo que precisamos descobrir com urgência para podermos entregar ao mundo nosso valor, buscamos descobrir quem somos e o que queremos, o que direcionará as nossas escolhas intencionalmente na direção do nosso propósito ou, ainda, da experiência de vida que queremos ter.

Como consequência de vivermos uma vida plena, entregaremos o melhor de nós ao mundo, em forma de serviço. Aqui, preste atenção, por favor: serviço não é um adjetivo, é um valor! Comece a olhar para *serviço* como o valor que permite transbordar o melhor de você no mundo. Aquilo que traduz quem você é em ação produtiva e que causa um efeito positivo nos outros.

Dessa forma, é claro que você fará a diferença e deixará um legado. Entretanto, essa será a consequência de uma vida intencional, e não o objetivo central da sua vida.

serviço

O principal objetivo da vida, neste nível de consciência, é:

Vivê-la!

Felicidade: uma grande RESPONSABILIDADE!

Quando tiramos os resultados, o dinheiro e o reconhecimento externo da posição de objetivo central de nossas vidas, damos um passo bem importante sobre a nossa ponte: **o objetivo central da vida se torna a própria vida.**

Compreender isso é dar permissão a si mesma para viver uma vida plena, repleta de felicidade, realização, sucesso, liberdade e tudo mais que você descobrir que lhe traz valor real.

Um ponto de atenção é que essa busca precisa sempre considerar o significado individual de felicidade, realização e sucesso, e nós só fazemos isso quando abrimos mão dos significados impostos pela nossa cultura e pelos padrões sociais sobre o que cada uma dessas palavras significam.

Passamos uma boa parte da vida tentando nos encaixar aos significados prontos, embalados e processados do mundo. Isso aumenta o desafio que é tornar claro esses significados para nós e, assim, vivermos uma vida autêntica.

Acredito, inclusive, que uma criança tem muita clareza sobre o que significa ser "ela mesma", enquanto muitas de nós, mulheres adultas, não faz a menor ideia. A maioria de nós foi enterrando a própria essência em cobranças sociais, imposições culturais e no desejo de ser aceita.

O medo da crítica e da rejeição puxam o freio de mão da espontaneidade. Assim, nos tornamos, muitas vezes, adultas bem-educadas e bem hipócritas.

Para descobrir nosso propósito, teremos que tirar muita coisa de cima.

Quando tirar todo o entulho, reencontrará você.

Quando isso acontecer, o mundo se tornará um grande *playground* de experiências, e você terá o principal objetivo de transformar a vida em uma grandiosa experiência de aprendizado, crescimento e evolução.

Fazer isso enquanto construímos felicidade é a nossa maior responsabilidade.

O

PROPÓSITO

é ser

FELIZ

O que te impede?

PARA VIVER A VIDA QUE VOCÊ QUER, PRECISA ASSUMIR A RESPONSABILIDADE. QUANDO ASSUMIR A RESPONSABILIDADE SERÁ LIVRE. MAS DO QUE, ESPECIFICAMENTE, PRECISAMOS NOS LIBERTAR?

(1)

Essa é uma das maiores razões pelas quais colocamos nossas melhores ideias, piadas, livros, poesias e projetos no congelador.

Nós já sabemos que "só não erra quem não faz" e, quando escolhemos não errar, também estamos escolhendo não sair do lugar.

Na língua portuguesa temos uma única palavra para dar nome ao que acontece quando algo não dá certo ou não saiu como o esperado: *erro*. Acontece que essa mesma palavra representa dois tipos de erros muito diferentes.

O primeiro deles é o erro cometido por desinteresse, negligência ou omissão. Esse erro, na minha percepção, é péssimo de se cometer e é importante prestar muita atenção para o evitarmos o máximo possível.

Acontece que também existe um outro tipo de erro, o que cometemos quando nos arriscamos a fazer diferente, quando vamos além de onde tínhamos ido até então, quando criamos, inovamos, buscamos um novo caminho para percorrer e expandimos nossos limites. Ao escolher um novo caminho, nós sabemos que há muito mais risco de errar do que quando fazemos o que já estamos acostumadas.

Eu considero injusto que esse segundo tipo de erro tenha o mesmo nome do primeiro, pois eles representam coisas bem diferentes, mas, por terem o mesmo nome, acabam ganhando, em nossa percepção, o mesmo peso.

Quando você diz: "Cometi um erro", sobram poucas alternativas além de se arrepender. Assim, decidi renomear o segundo tipo de erro. A partir de agora, ele não se chamará mais "erro", ele se chamará "busca".

Ao dizer "Eu estava em uma busca!", mesmo que não tenha encontrado aquilo que buscava, você pode ter encontrando uma outra coisa interessante pelo caminho: um aprendizado importante, autoconhecimento ou, no mínimo, uma forma de "não fazer" aquilo que estava buscando. Essa abertura ao erro, ou melhor, à busca, aumenta e muito as nossas possibilidades de descoberta.

Lembre-se: quando falamos em possibilidades, oportunidades e escolhas, expandir é sempre melhor que restringir.

Dessa forma, a menina curiosa, corajosa, aventureira que mora dentro de mim, e de você também, terá a nossa permissão para errar esse segundo tipo de erro, à vontade.

É como se nós falássemos para ela: "Vai lá, menina, busque seus sonhos, busque viver novas experiências, busque fazer diferente e vá além, mesmo que só um passinho, de onde você foi até agora. Se tudo der errado, eu estarei aqui para te acolher e tentarmos, juntas, buscar algo novo, mais uma vez."

Assim, viveremos, nós e nossa menina interior, uma vida constantemente em padrão de crescimento e expansão.

Na escola, nós aprendemos que a resposta certa é aquela que a professora espera de nós. A resposta certa é a que é valorizada, e, por mais que uma resposta errada possa ser original, criativa, única, lógica e inteligente, ela continua sendo tão errada quanto a de quem, simplesmente, deixou a questão em branco. Novas tentativas não eram valorizadas, acertos sim.

Quando respondíamos as questões da prova corretamente, ganhávamos uma nota azul e passávamos de ano. Quando dávamos a resposta errada, recebíamos nota vermelha, repetíamos de ano, decepcionávamos nossos pais e ficávamos de castigo sem sobremesa e sem presente do Papai Noel.

Aprendemos, portanto, que errar não é bom e que tentar evitar, todo e qualquer erro, seria, então, a melhor opção.

Escolhemos, desde então, fazer todo o possível para não errarmos, mesmo que isso significasse não experimentar uma vida incrível repleta de novidades, tentativas, descobertas, aprendizados, crescimento e aventura.

Eu tenho um amigo, o José Caraball, que me ensinou o seguinte:

"A vida é como um jogo de Sudoku! O Sudoku é um jogo baseado na colocação lógica de números de um a nove, que não se repetem, em cada uma das nove células do jogo. Quando você acerta o número que coloca em um quadradinho, ganha pontos. Quando coloca o número errado, perde pontos. Enquanto o tempo vai passando e você permanece com um quadradinho vazio, sem colocar um número nele, você vai perdendo pontos. Não são muitos, mas enquanto o tempo passa eles se acumulam. Na minha experiência aprendi que, muito mais partidas de Sudoku são perdidas por não agirmos a tempo do que por errarmos.

Assim acontece também na vida. A vida e o Sudoku têm pressa!

É uma grande bobagem perder tempo esperando a resposta perfeita, você perderá mais pontos esperando ela chegar o que se arriscando a errar."

Preencha logo o quadradinho do seu Sudoku da vida com a melhor resposta que tiver. Errou? Aprenda com o erro e troque de opção o quanto antes.

A vida

flui

BEM melhor

assim...

(2)

O medo de não agradar

Você só será feliz quando der aos outros o direito de não gostarem de você.

Não estou falando de ser uma pessoa grosseira, desagradável, exagerada, sem noção, implicante ou chata, para que não gostem de você de propósito. Isso tem a ver com se tornar alguém insuportável e não é o que estamos buscando aqui. Estamos buscando a nossa "autenticidade perdida".

Costumamos dar tanto valor às opiniões alheias que, muitas vezes, as colocamos acima das nossas próprias opiniões sobre nós mesmas. Por essa razão, a opinião que o outro tem sobre mim pode se tornar tão importante.

A questão aqui não é se tornar alguém intransigente, que não sabe receber críticas; é saber ouvir e, posteriormente, ponderar, sem jamais deixar de lado aquilo que você também pensa sobre si mesma.

Não é desvalorizar o que o outro pensa, e sim valorizar o que você mesma pensa. Acreditar e confiar em si mesma. Acreditar significa dar crédito, logo, quando você se dá crédito, começa a confiar mais em si mesma, e essa é a raiz da autoconfiança.

Evitarmos dar a nossa opinião, por perceber que ela pode não se encaixar com a da maioria; priorizarmos as necessidades dos outros às nossas próprias; não conseguirmos dizer "não" nem mesmo quando é algo importante ou que nos coloca em risco; ficarmos excessivamente preocupadas com o que vão falar da gente — estes são alguns exemplos clássicos de que o medo de não agradar pode não só estar sendo frequente e constante em seu comportamento, mas também que talvez seja ele quem está ditando as regras de como você deve se comportar.

Uma pessoa que tenta agradar todo mundo está praticamente escolhendo viver frustrada, tensa e ansiosa, vive "pisando em ovos". E olha que eu nem preciso dizer que agradar todo mundo é uma missão impossível, né? Quando fazemos isso, além de competirmos e nos compararmos excessivamente com os demais, também tendemos a levar qualquer crítica para o lado pessoal.

Aquilo que os outros pensam ou dizem sobre você não está sob o seu controle.

O que os outros pensam ou falam de você não define quem você é.

Sua consciência e suas ações, sim, definem você.

Chegamos a esta brilhante, deliciosa e libertadora conclusão:

O que os outros pensam de você

(3)

O medo de não ser boa o suficiente

Tony Robbins diz que: "Todos nós, da pessoa mais humilde a mais poderosa do mundo, carregamos conosco a crença de que não somos bons o suficiente." Talvez você esteja se dizendo agora algo como: "Nossa, eu jurava que era só eu que, vira e mexe, pensava e sentia isso!"

Vou lhe contar uma coisa: eu faço palestras em eventos corporativos há duas décadas. Já falei para grandes públicos, em grandes eventos, no Brasil e no exterior. Já falei para 12 mil mulheres de uma só vez.

Alguns minutos antes de subir no palco, esta, é uma cena bem comum: a pessoa que me contratou pergunta "E aí, está pronta?", e eu respondo que sim, claro, afinal, estou com o equipamento ligado, *slides* prontos, coloquei uma roupa legal e me maquiei. Ou seja, teoricamente, eu estou pronta!

Mas, dentro de mim, tem uma voz, provavelmente a mesma que repete que não somos boas o suficiente, que adoraria fugir dessa situação se pudesse e que está praticamente gritando: "NÃÃÃÃÃOOOOOO!!!!!"

Para conseguir subir no palco, eu tive que aprender a duvidar dessa voz e, depois, aprender a ignorá-la. É impossível calar essa voz e, se eu não tivesse aprendido a fazer isso, ainda não teria subido no palco.

Em todos esses anos, não me lembro de uma única vez, em que eu tenha me sentido 100% pronta. Mas a vida não é uma questão de estarmos 100% prontas (dificilmente nos sentimos assim), é uma questão de criarmos coragem.

Viver plenamente é muito mais uma questão de respirar fundo e encontrar aqueles dez segundos de coragem insana que lhe permitem fazer algo que você quer muito e de todo seu coração, mesmo tremendo de medo.

Para subir no palco, eu preciso enfrentar, todas as vezes, a parte de mim que até hoje, mesmo com tudo que já realizei e protagonizei de incrível nesta vida, insiste em dizer que foi apenas "sorte" ou que "nem foi tão bom assim". Essa é a mesma parte de mim que dá muito mais valor a uma única crítica recebida entre 99 elogios.

É importante lembrar que "ser boa o suficiente" não significa ser perfeita, a pessoa que nunca erra ou que já sabe tudo sobre um determinado assunto, muito menos ter total controle sobre aquilo que vai fazer.

É importante lembrar também que, quanto mais nos preparamos para fazer algo, menos preparadas tendemos a nos sentir, pois, enquanto nos preparamos, também conhecemos a imensidão da nossa ignorância sobre o assunto em questão. E é aí que percebemos o tamanho da nossa responsabilidade.

Você já ouviu falar sobre a "síndrome do impostor"? É a incapacidade de acreditar em suas próprias competências.

Quando uma pessoa capacitada tem a ilusão de que é inferior e acaba subestimando a si mesma e suas próprias habilidades, chegando até a considerar que outras pessoas muito menos capaz são tão capazes quanto ela. Essa pessoa pode julgar as próprias conquistas como sendo apenas sorte e, por mais provas que tenha do seu sucesso, se sente uma fraude. Isso costuma ser mais comum entre mulheres, principalmente em mulheres bem-sucedidas e que ocupam profissões tipicamente ocupadas por homens.

Sentirmos ou aceitarmos que "não somos boas o suficiente" é muito conveniente para aquela parte nossa que sabe muito bem que viver uma vida incrível vai dar um trabalhão.

Ser
você
mesma
é
o
suficiente

(4)

O medo do SUCESSO(!)

Já parou para pensar que, talvez, você mesma possa estar destruindo, pessoalmente, toda e qualquer oportunidade de sucesso?

Que, talvez, você esteja escolhendo, com uma certa frequência, não ser tudo aquilo que você sabe que pode ser?

Isso é o que eu chamo de *a síndrome do "SEJE MENAS"*.

Sim, eu sei que, nessa única expressão que contém apenas duas palavras, eu estou assassinando não uma, mas duas vezes, a língua portuguesa. Foi até difícil de escrevê-la aqui, já que o autocorretor do computador a corrigiu tantas vezes que eu resolvi, de posse de toda a minha rebeldia, dar ainda mais destaque a ela. Até porque escrever "seja menos" não causaria o mesmo impacto. Eu queria, realmente, que você tivesse aquela sensação estranha de que "algo de errado não está certo", sabe? Aquela mesma que costumamos ter quando fazemos menos do que sabemos que podemos, enquanto continuamos vivendo nossos dias fingindo não ver.

Conheça agora alguns sintomas que costumam aparecer quando nós "queremos" fracassar. É importante que você saiba que querer fracassar não é algo que fazemos conscientemente. O jogo da autossabotagem é um jogo contra você mesma, e ele ocorre na enorme maioria das vezes, de maneira inconsciente, por isso é tão difícil de identificá-lo e mudá-lo.

Muitas vezes, a gente finge querer o sucesso, mas, no fundo, no fundo, fugimos dele. Assim, acabamos colocando toda a nossa energia na direção contrária daquilo que gostaríamos de querer, mas ainda não temos coragem. Para que possamos justificar esse jogo, nós reclamamos, arrumamos desculpas e nos fazemos de vítimas. E, o pior de tudo, nós sofremos mesmo, como se fôssemos, de fato, a vítima das circunstâncias. Interromper esse jogo significa parar de se ocupar em arrumar desculpas para o que não funciona e passar a se ocupar em descobrir formas de fazer funcionar, assumindo assim o tão desejado e necessário protagonismo.

Mas por onde começar?

Comece fazendo, agora, uma espécie de inventário aí, dentro de você, verificando, em cada um dos itens da lista que vem logo a seguir, com quais você se identifica, quais são os que se repetem ou que, até mesmo, fazem parte da sua rotina.

( ) Dorme mais tempo do que precisa para estar descansada.

( ) Reclama o tempo todo, como se tudo e todos estivessem contra você.

( ) Está sempre de mau humor.

( ) Está sempre atrasada.

( ) Vive ansiosa.

( ) Costuma ser pessimista.

( ) Faz promessas aos outros e não cumpre.

( ) Faz promessas a si mesma e não cumpre.

( ) Marca vários compromissos ao mesmo tempo, depois se pega estressada.

( ) Marca compromissos e inventa desculpas para não aparecer.

( ) Bebe à noite mesmo quando tem algo marcado ou importante para o dia seguinte.

( ) Passa horas e horas em joguinhos no celular ou bisbilhotando as redes sociais.

( ) Não tem mais nem noção de quanto tempo passa por dia no celular.

( ) Fala mal dos outros, faz fofoca.

( ) Foge de compromissos.

( ) Come demais e fica sem energia para nada.

( ) Não ter coragem de dizer “não”.

( ) Não impõe limites aos demais.

( ) Não sabe quais são as suas prioridades.

( ) Não é clara em sua comunicação, deixando coisas importantes subentendidas.

( ) Faz um trabalho que considera inferior às suas habilidades.

( ) Tem um parceiro ou parceira que não valoriza ou não respeita você.

( ) Vive se esquecendo de coisas importantes.

( ) Compra muitas coisas por impulso e de que não precisa.

( ) Adia coisas importantes.

( ) Gasta mais do que ganha.

( ) Age como se fosse a dona da verdade, afastando as pessoas.

( ) Ignora os sinais da vida de que mudanças são necessárias e urgentes.

( ) Mente para si mesma.

( ) Mente para os outros com frequência.

( ) Foge de assuntos difíceis.

( ) Não fez *check-up* médico no último ano.

( ) Anda fazendo de conta que não ouve a sua intuição.

( ) Não entrega as coisas no prazo prometido depois se desculpa.

Essa é uma lista feita especialmente para você com nada menos que 33 possíveis sintomas da sua vontade de fracassar, e nós vamos fazer com ela uma rápida, mas efetiva experiência:

1. Marque um “x” naqueles com os quais você se identifica.
2. Conte quantos “x” você marcou.
3. Multiplique o resultado que alcançou por 3.
4. Coloque seu resultado aqui: _____%

Fez? Ótimo.

Agora, imagine que você é um carro incrível, poderoso, uma Ferrari ou um Porsche. Você é linda, tem e faz curvas incríveis, chama a atenção por onde passa, além de ter um motor superpotente, daquele tipo que faz de 0 a 100 km/h em apenas três segundos.

A porcentagem que você concluiu aí, em seus cálculos matemáticos, representa quanto você tem se segurado, dia após dia, para não dar tudo de si naquilo que faz, para não ser tudo que pode ser ou, ainda, o quanto você se economiza e desperdiça o próprio potencial.

Ou ainda, se preferir, o quando você mesma anda, um pouquinho por dia, destruindo a sua vida enquanto finge que tudo que acontece é simplesmente porque o mundo está contra você, que o seu fracasso é resultado da falta de oportunidades e consequência das injustiças que sofreu até agora, e que você é apenas uma vítima daquilo que a vida fez com você.

Tomara que ler essa lista tenha tido, em seu comportamento, o mesmo impacto que ler "seje menas" teve para os seus olhos anteriormente.

Tomara que você compreenda, de uma vez por todas, que a vida que você vive hoje é consequência das escolhas que você faz e dos comportamentos que repete.

Tomara que você chegue à conclusão de que o seu fracasso nada mais é que a consequência do seu próprio processo de autoboicote.

Assim, você poderá baixar o freio de mão dessa máquina linda, potente, poderosa, exuberante e capaz que você é, para seguir, finalmente, pelo caminho que quiser, em alta velocidade e por grandes distâncias.

Só
assim
é que
a gente
vai
LONGE

VOCÊ FOI FEITA PARA ATINGIR

alta velocidade

e

grandes distâncias

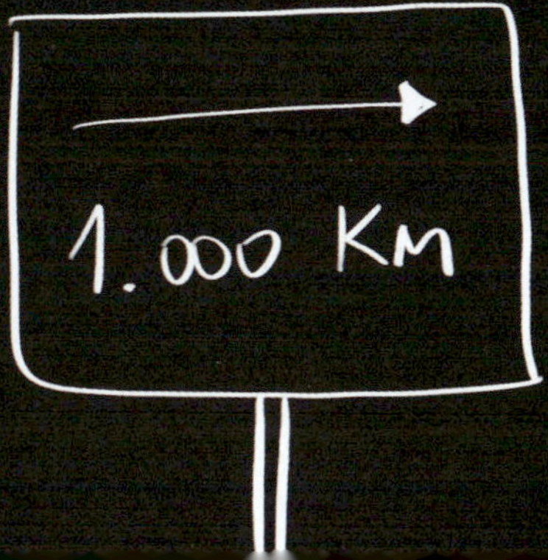

O que te liberta?

"NUNCA SE PODE CONCORDAR
EM RASTEJAR,
QUANDO SE SENTE ÍMPETO DE VOAR."

HELEN KELLER

(1)

Clareza

Você só vai viver a vida que você quer quando descobrir que vida é!

Se mil pessoas respondessem à pergunta: “O que é felicidade pra você?”, provavelmente teríamos mil respostas diferentes, ou até mais, caso alguém apresente mais de uma definição.

Felicidade, assim como sucesso e realização, são, segundo a Programação Neurolinguística (PNL), nominalizações. Nominalizações são palavras que não têm um significado único, rígido. Seus significados são moldados pela experiência e percepção de cada pessoa. Assim, têm um significado diferente para cada um de nós.

As pessoas que conhecemos, os filmes aos quais assistimos, a cultura na qual estamos inseridas, a forma como fomos educadas, a família na qual crescemos, a empresa em que trabalhamos, nosso companheiro ou companheira, nossa mãe, nossa sogra e, se duvidar, até mesmo a nossa vizinha adoram nos “enfiar pela goela” aquilo que acreditam que deveríamos ser, fazer ou querer para sermos felizes.

Felicidade é ter uma família constituída. É casar, ter uma casa própria, ter filhos, mas filho único não é bom, porque fica mimado, nem mesmo três, porque aí já é demais, dois filhos é o ideal. Ter saúde, viajar pelo mundo, ganhar dinheiro, comer em restaurantes chiques, ter um carro de determinada marca ou modelo, um amor para chamar de seu. Fazer faculdade, falar inglês, ser magra, fazer preenchimento facial, ser jovem, usar roupas legais, ter dentes brancos, reconhecimento, *status*, cabelo com volume, dinheiro em uma aplicação, conseguir uma promoção, ter muitos seguidores no Instagram e axilas secas.

Ufa!

Quando nos damos conta, estamos correndo feito loucas para termos aquilo que nem sabemos por que queremos e para pagar boletos de coisas que nem precisamos, sendo que, no fundo, o que a gente queria mesmo era ter só um pouquinho de paz. Você já se sentiu assim?

Quando lhe perguntaram: "E aí, como você está?", talvez tenha até respondido: "Tô correndo!"

Ou, de repente, sua resposta tenha sido ainda pior: "Tô correndo atrás do prejuízo!"

Essas são respostas que geralmente damos no "piloto automático", quando estamos cansadas e inconscientes do motivo pelo qual estamos fazendo o que fazemos.

Talvez estejamos correndo para qualquer lado ou, pior, para o lado do prejuízo, por estarmos "sentindo a vida meio sem sentido"!

A palavra *sentido* apareceu duas vezes aí, não por acaso.

Essa palavra tão fofa — sentido — tem, pelo menos, três sentidos! E os três serão muito importantes para nós, de agora em diante, sempre que falarmos desta palavra: *clareza*.

sentido, *s. masc*; significado

Sentido

Sentido

Os três sentidos do SENTIDO:

Sentido 1: clareza do significado atribuído por você.

Entrar em contato com os seus próprios significados lhe trará a clareza que você precisa para que possa ser feliz, realizada ou ter sucesso, do seu jeito. Buscar um significado autêntico para esses valores tão importantes é a única forma de tê-los presentes em sua vida, de verdade.

Sentido 2: clareza da emoção sentida por você.

Sentir é a "prova dos nove" da vida!

Se você se sente bem em relação a algo, faça mais disso para que possa ter mais desse sentimento. Se você se sente mal, é bom se afastar ou diminuir o a fez se sentir assim; dessa forma, sentirá menos disso que sentiu.

O objetivo principal é melhorar a comunicação que tem com si mesma, entrando em contato com aquilo que sente e buscando compreender o que esse sentimento está tentando lhe comunicar.

É desta forma que a gente aprende a ouvir a intuição ou, se preferir, nosso próprio coração: observando, sem julgamentos, os sentimentos que estão presentes.

EMOÇÃO é a língua que traduz o que fala o CORAÇÃO!

Sentido 3: clareza da direção que deve ser seguida por você.

Você vai adquirindo clareza de direção à medida que se conhece e descobre o que realmente quer, o que a faz feliz e o que a realiza. Dessa forma, quando chegar lá, terá seu caminho validado e será aprovada e aplaudida por você mesma, sem depender de nenhuma plateia externa.

Gerar clareza é adquirir consciência.

E adquirir consciência é assumir responsabilidade pelas próprias escolhas.

Clareza à Moda da Joy

Estava pensando em como contextualizar o exercício que apresentarei a seguir para você, e a Joy apareceu aqui! Joy é uma "salsicha" preta e canela que sempre que consegue passar pela porta da casa, vem diretamente ao meu escritório fazer festa para mim!

Assim que me vê, ela começa a bater os pezinhos no chão e abanar o rabo, numa demonstração clara de felicidade.

Entrar em casa a deixa feliz, me ver a deixa feliz, ganhar um pedaço do que eu estiver comendo, mesmo que seja brócolis, a deixa muito feliz. Tudo isso está muito *claro* para ela e fica bem *claro* para mim também ao ver a reação dela.

Ela sabe bem o que quer e, quando vê alguém abrindo a porta, entra correndo.

A clareza que ela tem torna muito mais simples conseguir o que ela quer, já que está atenta às oportunidades. Eu sei que o "funcionamento" de um cachorro é muito mais simples que o nosso. Nós temos a tendência a complicar tudo. Mas também sei que observar essa simplicidade no comportamento da Joy pode nos ensinar muito.

Três lições da Joy para você conseguir o que quer:

1. Saber o que quer.
2. Ficar atenta às oportunidades para conseguir o que quer.
3. Ficar feliz quando conseguir!

Fim!

3 lições da JOY para conseguir o que quer

Saber o que você quer

ficar atenta as oportunidades para conseguir o que você quer

ficar feliz quando conseguir

A felicidade, segundo a Joy, começa quando reconhecemos o que significa *felicidade* para nós. Sem essa clareza, ficaremos buscando a nossa felicidade na base da tentativa e erro e, dessa forma, erramos tantas vezes que acabamos nos conformamos com uma vida mais ou menos, apenas por estarmos cansadas de tanto procurar.

Acontece que nós estamos procurando sem saber exatamente o que estamos querendo encontrar.

Imagine que você está em um grande galpão cheio de tralhas. São pilhas e pilhas de coisas, você tem uma lanterna na mão e está procurando algo. Alguém aparece, disposto a ajudar e pergunta: “O que você está procurando?” Você responde: “Não faço a menor ideia!”

O que parece loucura no exemplo do galpão é algo muito comum de fazermos em nossa própria vida:

Está procurando o quê?

Ser feliz.

E felicidade significa o que, pra você?

Não faço a menor ideia!

Mas, calma, isso vai mudar, antes mesmo de o próximo capítulo chegar!

Escreva, nas próximas páginas, o seu próprio significado para as palavras que servirão, a partir de agora, como uma bússola. Essa bússola funcionará 24 horas por dia e lhe mostrará se está se aproximando ou se afastando da vida que quer viver.

Escreva da forma mais completa, específica, poética e simples que puder, de uma forma que até mesmo a sua avó de 99 anos poderia compreender. Assim você terá certeza de que cada um desses significados está realmente claro para você.

Eu lhe convido a só seguir para o próximo capítulo quando seu exercício estiver pronto e seu coração estiver preenchido com um significado autêntico e bem claro de FELICIDADE, SUCESSO e REALIZAÇÃO!

Felicidade

sucesso!

REALIZ*ação*

Quando terminar, aproveite para apreciar um pouco a vista desse ponto em que está agora, em cima da ponte.

Você merece prestar atenção em si mesma e nas sensações que experimenta enquanto se apodera desses significados. Também merece desfrutar dessas sensações.

Poucos chegam aí, onde você está agora. A grande maioria das pessoas que dividem este planeta conosco nunca nem ao menos parou para pensar nisso.

(2) autenticidade

Não se trata de mudar quem somos, mas de descobrir quem realmente somos.

Este é o nosso maior desafio: "DES-COBRIR" quem somos.

Só você é você, mais ninguém. Talvez por isso seja tão difícil ser aquilo que mais ninguém é.

Quando eu era criança, costumava me sentir livre para dançar uma música que tocava, para cantar uma música que eu mesma inventava, para falar o que pensava. Eu me lembro bem de quando minha mãe repetia, me olhando profundamente, balançando a cabeça com ar de reprovação: "Branca, tenha desconfiômetro!"

"Desconfiômetro" é o termômetro que usamos para julgar nosso próprio comportamento. É ter bom senso para olhar em volta, identificar o contexto (ambiente, momento, pessoas que estão lá) e, com base nisso, definir como devemos ou não nos comportarmos.

Fui aprendendo a ser cada vez mais agradável, sensata, a menina que não falava palavrão e sentava "direitinho". Eu aprendi ainda a não pedir comida na casa da minha avó (e olha que sempre tinha mousse de chocolate e guaraná na geladeira dela!).

Fui me tornando uma menina cada vez mais bem-educada e inautêntica.

Eu não era mais "eu mesma". Eu era a criança incrível que todo adulto queria ter por perto. Contudo, dentro de mim, acontecia todo um processo de checagem do ambiente, enquanto eu reprimia toda vontade de ser espontânea e decidia o que eu deveria ou não fazer. Quando eu tinha qualquer dúvida, simplesmente não fazia.

Se eu estivesse sendo autêntica, chegaria pedindo: "Oi, Vó, que bom que eu vim, tem aquela *mousse* de chocolate maravilhosa aí? Não via a hora de chegar aqui, pra te ver e pra comer!"

Mas meu "freio de mão" estava puxado pela educação, então eu chegava, dava um beijo na minha avó, sentava no sofá e torcia pelo resto da tarde para que ela se lembrasse de me oferecer o que tivesse de mais gostoso na geladeira. Aí, sim, eu poderia aceitar.

É claro que educação e bom senso são algo muito bom. Eu diria até que são fundamentais, além de estarem em falta para muitos! Mas a questão aqui é que, em excesso, são um veneno para a autenticidade.

Quantas de nós nos sentimos, vira e mexe, com medo de não sermos adequadas, por não sabermos se nossa piada tem graça, se a nossa dança tem estilo, se o nosso corpo está magro ou se a pele da nossa cara está sem rugas o suficiente para darmos a nós mesmas o "direito de existir"? Forte, né?

Agora, imagine o efeito limitante que isso teve e tem, até hoje, na sua história. Quantos parágrafos você deixou de incluir na sua história de vida por medo da inadequação e da não aceitação? Quanta angústia já acumulamos até hoje por não nos darmos o direito de sermos quem somos? E quanta insegurança essa angústia acumulada gerou?

Como saber o limite entre o bom senso e a autenticidade? A linha é tênue. Vamos extrapolá-la vez ou outra, para um lado ou para o outro, não tem jeito.

Eu passei boa parte da vida escolhendo "errar" para o lado do bom senso! Limitando-me, dizendo "não" quando queria dizer "sim" e dizendo "sim" quando queria dizer "não". Aprendi a colocar todos à minha frente na minha lista de prioridades. Cuidei do meu irmão, fui boazinha para a minha mãe e obedeci aos mais velhos.

Aos 40 anos, percebi que eu era uma mulher ingênua, fácil de enganar, que não ousava desmentir ou enfrentar ninguém. Também descobri que eu tinha me transformado, graças à minha incrível capacidade de fazer o que os outros esperavam de mim, em um alvo fácil para manipuladores, egocêntricos, aproveitadores e pessoas inescrupulosas.

Aos 41 anos de idade tomei uma decisão: "A partir de hoje, quando eu tiver dúvida, errarei para o outro lado! O da espontaneidade."

Viver com o freio de mão puxado? Ficar tentando adivinhar o que as pessoas esperam que eu diga ou faça? Deixar de cantar com medo de desafinar? Não dançar para não ser ridícula? Não deixar claros os meus limites? Nunca mais.

Aprendemos em muitos momentos que, para sermos amadas, queridas e aceitas, precisamos nos encaixar. E nós tentamos mesmo. Algumas de nós, inclusive, passam a vida inteira tentando. Isso cansa.

Já parou para pensar quão insano é a gente tentar ser quem não é para agradar alguém? A pessoa gosta da gente sem conhecer, porque a gente estava fazendo de conta ser outra pessoa! E agora? Teremos que fingir para sempre?!

A felicidade, a realização e o sucesso andam de mãos dadas com a autenticidade. Por quê? É obvio!

Enquanto fingimos ser quem não somos para agradar aos outros, estaremos buscando o significado de felicidade, sucesso ou realização dos outros.

E quem é feliz de verdade vivendo o sucesso do outro?

Ninguém!

é só questão de ser...

Listas são uma ótima maneira de compreender, organizar e tornar mais claro tudo que está bagunçado dentro de nós. Elas nos permitem tomar consciência das próprias respostas para aquelas perguntas tão importantes, mas que nunca caíram na prova da escola.

Preencha, com capricho, as duas listas a seguir, da forma mais completa e atenciosa que puder.

Preste atenção em si mesma em relação a isso e volte para acrescentar algum item adicional do qual se der conta, quando quiser.

eu me sinto EU MESMA quando

eu NÃO me sinto EU MESMA quando

É com cada item acrescentado em sua lista que o "exercício de verdade" começa: em cada escolha que fizer daqui para frente, procure fazer cada vez mais daquilo que escreveu em sua lista número 1 e cada vez menos dos itens da sua lista número 2!

E — *voilà!* — você estará, a cada escolha que fizer, um pouquinho mais perto de quem você é de verdade.

Sucesso
é
SER
VOCÊ

CRÍTICA

REJEIÇÃO

O freio de mão da Autenticidade

Muitas crianças fazem coleções: figurinhas, Fofoletes... críticas e rejeições eram as minhas.

Minha mãe era a típica mãe brava modelo anos 1980. Crítica, rígida, exigente, intolerante e inflexível, nada amaciava aquela fera e eu perdi as contas de quantas vezes apanhei, simplesmente, por ter olhado para ela com "aquela cara". Sei que existe em mim alguma expressão que provocava a ira daquele dragão e eu não faço, até hoje, a menor ideia de que cara é essa. Sei que devia fazer "aquela cara" com uma certa frequência, já que, virava e mexia, eu sentia um chinelo voando na minha direção.

Naquela época, eu olhava para meu pai e minha mãe, que tinham por volta de 40 anos, como super-humanos que sabiam de tudo. A maioria das crianças pensa assim, e, partindo do princípio que os pais sabem tudo, o que eles dizem sobre ela se torna, instantaneamente, verdade absoluta para aquela criança que muitas vezes, acaba arrastando essa coleção de rótulos negativos sobre si mesma para sempre.

Se uma criança ouve, dessas pessoas tão importantes e que "sabem tudo", coisas boas e realistas a seu respeito, ela cresce sentindo orgulho de si mesma e reconhecendo suas virtudes e potencialidades. Tenderá assim, a lidar com os fatos da vida com muito mais coragem e se recuperará com mais facilidade quando sofrer uma frustração.

Em contrapartida, quando uma criança cresce em um ambiente de críticas, onde é exigido que ela se comporte à beira da perfeição e onde tudo que ela faz, por mais que essa criança tente acertar e agradar, nunca será bom o suficiente, ela tende a ser insegura, medrosa, a ter baixa autoestima e pouca autoconfiança.

Eu fui essa segunda criança.

Cresci ouvindo coisas como: "Pra que fazer esse bico enquanto dança?", "Você sabe que não é inteligente como seu irmão, né?", além de muitas outras coisas menos impactantes mas muito mais frequentes. Eu não tinha disciplina, não era persistente, falava demais, era desagradável e não tinha "desconfiômetro", era sem noção e não seria nada na vida se continuasse assim e só tinha "ideias de jerico".

Eu também era gorda, lembro que a piada preferida da minha mãe era perguntar às amigas com filhas em idade parecida: "Quantas vezes por dia sua filha come? Cinco vezes? A minha come uma vez só por dia. Ela começa a comer na hora que acorda e só para na hora de dormir." Até hoje, eu me pego repetindo essa piada sobre mim mesma vez ou outra. Quatro décadas depois.

Não sei que coisas você ouviu sobre você dos seus pais, dos avós ou daquelas pessoas que mais conviveram com você na infância e a quem tanto você admirava, amava, queria agradar e acreditava que sabia tudo.

Só quero que olhe para si mesma agora, como a mulher adulta que é, e me responda: você sabe tudo? Eu sei que não sei. Criei meu filho com essa consciência. E isso me fez buscar aprender como o corrigir e elogiar; a motivá-lo a superar a si mesmo, a lidar com o fracasso quando ele acontecia e também a pedir perdão quando ficava nervosa e explodia por alguma razão que só as mães poderiam entender. Assim, eu erraria, como toda mãe erra, mas não estaria no patamar da mulher superpoderosa que sabe tudo.

Se você respondeu "não" à pergunta que eu fiz, é porque você também sabe que não sabe tudo. Nós somos seres humanos tão falhos quanto qualquer outro, mas se formos humildes o suficiente e nos mantivermos conscientes para evitarmos rotular nossas crianças, apesar de toda a nossa imperfeição, faremos muito menos estrago.

A questão aqui não tem nada a ver com a "não perfeição dos nossos pais". Meus pais estavam bem longe de serem perfeitos, e aposto que os seus também. O problema está em nós termos acreditado tanto nas críticas que ouvimos que levamos muitas delas para o patamar de verdade absoluta. Também fomos alimentado-as, durante toda a nossa história, a ponto de muitas dessas críticas terem se tornarem parte da nossa identidade.

Nós nos tornamos, muitas vezes, aquilo que mais nos envergonhamos de termos sido acusadas por nossos pais.

É bem importante considerar que nossos pais também são seres humanos em processo de evolução que estavam, naquele momento de suas vidas, fazendo o melhor que podiam com o nível de consciência que tinham.

Quando decidimos tirá-los do patamar de "super-humanos" que sabiam tudo e os colocamos em seu devido lugar de humanos que estavam apenas buscando viver da melhor forma possível, conseguimos nos despir desses rótulos que tanto nos fazem mal, muitas vezes, até hoje.

Duas coisas se tornam possíveis quando compreendemos isso:

1. **Perdoar.**

Apenas perdoando qualquer pessoa do seu passado que lhe fez mal ou deixou marcas negativas em você é que poderá viver o presente e criar a realidade que deseja viver no futuro.

Perdoar não significa voltar a almoçar todo domingo na casa da megera da sua madrasta depois de tudo que ela a fez passar, nem mesmo deixar sua mãe se mudar para a sua casa na semana que vem para fazer, novamente, da sua vida um inferno.

Perdoar tem a ver com decidir parar de ressentir o passado, deixando-o lá, no lugar dele: no passado. Significa abrir mão da dor que esse passado lhe causou e parar de carregá-la com você.

Significa ser livre para escrever sua própria história a partir de agora, ouvindo e dando mais valor à sua própria opinião sobre si mesma e se isso não der orgulho aos seus pais, paciência.

Esta é uma ótima negociação: você entrega à vida o seu perdão e, em troca, recebe libertação.

Com o perdão honesto do seu coração as dores tendem a cessar e os pensamentos deixam de se ocupar tanto com o passado e se direcionam para onde devem permanecer, no presente.

2. **Descobrir a sua verdadeira identidade.**

Porque uso a palavra *descobrir*, e não encontrar? Porque nossa identidade não está perdida para ser encontrada. Ela está aí, brilhante, intacta, linda, poderosa mas também está meio empoeirada, coberta de entulho e lixo que a vida foi jogando em cima de nós. E nós fomos acreditando que todo esse lixo era parte de quem nós somos. Passamos a acreditar também que não éramos boas, inteligentes, bonitas, interessantes, capazes e merecedoras o suficiente.

E não éramos mesmo, já que estávamos, na maioria do tempo, olhando para o lixo, e não em direção à joia.

Somos um diamante bruto no meio de uma montanha de entulho.

Tire o entulho e o diamante estará pronto para ter, atribuído a si, todo o seu valor.

TIRANDO O ENTULHO, PARTE 1:

Convido você a escrever uma carta aos seus pais.

Preste muita atenção no que eu disse antes de negar o meu convite.

Eu não falei para você "enviar" ou "entregar" uma carta aos seus pais. Eu usei apenas o verbo "escrever"! Assim, você não precisa entregar, enviar, contar que escreveu ou mandar mensagem para ninguém. Você até pode entregar a carta caso queira, mas saiba que isso não é parte do exercício que proponho aqui. Você faz se você quiser!

Pode ficar tranquila: apenas a ação de escrevê-la fará você tomar consciência do que precisa ser perdoado para que possa seguir em frente.

O perdão é um movimento interno que vem junto com a decisão de não carregar mais a dor e o peso que uma situação do passado pode representar.

Claro que, muitas vezes, a ação de perdoar, tem reflexos externos como avisar a pessoa que ela está perdoada, dar um bom abraço nessa pessoa e depois tomar um chope bem gelado naquele bar que vocês costumavam ir antes de aquilo que deu origem à necessidade desse perdão acontecer.

Muitas vezes um perdão acontece mas não é possível entregá-lo, caso a pessoa já tenha morrido, por exemplo, ou ainda quando você quer perdoar, mas não quer voltar a conviver com a pessoa que perdoou. Mesmo assim, ainda é perdão.

Entenda que são duas decisões diferentes: perdoar ou não é uma decisão. Voltar a conviver ou continuar distante pelo respeito que devo ter à minha própria integridade e segurança física, mental e emocional é outra decisão.

Aqui nós estamos exercitando apenas o perdão e essa é uma decisão muito diferente de permitir, novamente, o acesso à sua vida.

Por isso, eu gosto de deixar bem claro que, neste caso, "uma coisa é uma coisa, e outra coisa é outra coisa". Até porque muitos de nós passam uma boa parte da vida confundindo essas duas coisas a ponto de elas se tornarem uma só.

O perdão é libertação. Retomar a proximidade é outra escolha.

Liberte-se e depois pondere se deseja voltar a se aproximar. Lembre-se de ponderar também as consequências de ter, novamente, essa pessoa presente em sua vida. Então, decida se é isso que quer ou não.

O perdão é um processo de amadurecimento que acontece dentro da gente.

Agora, sim, tudo bem explicadinho, em seus mínimos detalhes, vamos à carta.

A carta que escreverá deverá ser direcionada àqueles dois seres humanos imperfeitos e cheios de qualidades e de defeitos que cuidaram de você quando você era criança — seu pai, sua mãe e, caso tenha sido criada por outra pessoa, inclua-a neste processo também.

Caso um de seus pais tenha sumido, ido embora ou até mesmo morrido antes de você nascer ou ser grande o suficiente para se lembrar dele, aproveite para perdoá-lo por isso também.

Sua carta deverá conter as seguintes partes:

Parte 1: o perdão

Pai, eu te perdoo por...

Mãe, eu te perdoo por...

Comece assim e vá apenas completando com cada elemento, dor, mágoa, tristeza que lembrar ou sentir enquanto escreve. Quanto maior e mais honesta for essa lista, melhor.

Se seus pais foram aquela boa exceção e beiraram a perfeição, perdoe-os por terem mimado você ou sido superprotetores. Sempre há algo a ser perdoado em uma relação assim, tão longa e estrutural.

Parte 2: a gratidão

Pai, eu te agradeço por...

Mãe, eu te agradeço por...

Certamente, nessas relações existem, motivos de dor e motivos de gratidão. Deixarmos um dos dois de fora seria sermos levianas com a vida nesse processo tão lindo de tomarmos consciência como estamos fazendo agora. Aprendermos a olhar cada parte da nossa história por todos os lados possíveis faz com que possamos extrair o máximo de aprendizado de cada experiência e assim, evoluirmos.

Parte 3: o orgulho

Conte a eles, na carta, o que fez de bom da sua própria vida até aqui, liste suas realizações e os feitos dos quais sente mais orgulho. Não se esqueça daquelas coisas tão simples, mas que têm valor para você, e de cada uma das coisas que tanto quis, se empenhou e conseguiu.

Parte 4: assumindo a responsabilidade

Na carta, assuma também a responsabilidade pela sua vida daqui para frente, escrevendo, do seu próprio jeito, algo parecido com: "Sou uma mulher adulta agora, você já podem relaxar, fizeram a parte de vocês e eu agradeço. Cuidarei de mim, do meu jeito, daqui pra frente."

Pode completar sua carta com o que mais tiver para dizer a eles, e pronto! Nem doeu, vai!? Está bem, talvez tenha doído um pouco, eu posso imaginar. Mas agora que já arrancamos esse Band-aid, podemos seguir em frente.

TIRANDO O ENTULHO, PARTE 2:

o desenho que faltava

Agora que já cuidamos da mulher adulta que está assumindo a cada página as rédeas da própria história, daremos um passo bem importante também na intenção de curarmos a menina que vive dentro de nós e que talvez esteja, nesse momento, chorando embaixo da cama, tão triste e magoada, quanto nós estávamos com nossos pais até pouco tempo atrás.

Com este exercício, você, *mulher madura*, dará a mão à sua *menina interior* e, assim, vocês poderão continuar, juntas, essa jornada de autodescoberta com muito mais integridade, sendo cada vez mais honesta consigo mesma, com a história que viveu até aqui e com a história que escreverá de agora em diante.

O exercício que vou convidá-la a fazer foi inspirado em um exercício do qual eu participei em um seminário de autoconhecimento chamado Insight I, em sua versão on-line.

Para realizá-lo, separe algumas canetinhas, um lápis ou lapiseira e não se esqueça da caixa de lápis de cor. Pegue todo o material de desenho que tiver. Se tiver filhos, pode inclusive pegar emprestado o estojo de giz de cera que é ótimo para fazermos o que nós faremos agora.

Eu convido a menina que você foi um dia a fazer um desenho.

Para isso, comece, entrando em contato com essa menina. Lembre-se de como você era, como era o seu cabelo e como costumava estar vestida. Lembre-se das coisas que mais gostava de fazer, de onde queria passear aos domingos e o que queria ganhar no Natal. Lembre-se também dos amigos que tinha, das brincadeiras de que gostava e dos seus brinquedos preferidos.

Agora convide essa menina para fazer um desenho.

Dê a ela todo esse material e diga: "Faça um desenho bem bonito da menina que você é e da vida que você quer. Você pode, agora, querer tudo aquilo que um dia você quis e não teve. Você é amada, respeitada e livre. Você é uma menina criativa, inteligente, talentosa, curiosa e feliz. E eu tenho muito orgulho de você."

Agora deixe que a menina que mora dentro de você assuma a tarefa. Para isso, faça seu desenho com a mão contrária à sua mão dominante. Se você escreve com a mão direita, faça o desenho com a mão esquerda e vice-versa. Se você é ambidestra, faça com o pé! (Risos.) Brincadeira, faça com a mão que costuma usar menos!

Para criar um clima ainda mais acolhedor, feliz e nostálgico, coloque para tocar uma música que você gostava e deixe-a tocando enquanto faz o desenho ou ainda, se preferir, coloque um desenho que adorava assistir e deixe passando enquanto desenha.

Superfantástico, *O Carimbador Maluco*, *Ursinho Pimpão* ou *A História sem Fim* podem ser bons exemplos, se você tiver uma idade parecida com a minha, assim como *Pica-Pau*, *Tom e Jerry* e *The Get Along Gang*.

Escolha a música ou o desenho que lhe permita fazer, do passado, presente. E deixe sua menina, desenhar livremente.

Depois, se assim sua menina interior quiser, permita a ela que fotografe-o e publique-o em suas redes sociais com a #ODESENHOQUEFALTAVA.

Agora, sim, você está pronta para dar a mão para essa menina que você foi um dia e seguirem juntas para a próxima página.

"Assumirmos nossa história e amar a nós mesmas nesse processo é a coisa mais corajosa que podemos fazer."

Brené Brown

"ure a menina e a mulher emerge".

–Diana – Liga da Justiça

(3)

Integridade

Nós somos, ao mesmo tempo, seres influentes e influenciáveis. Somos “Maria vai com as outras”!

Minha mãe usava essa expressão para dizer que eu não podia fazer o que todos fariam porque “eu não era todo mundo” e que, por isso, não deveria ser “Maria vai com as outras”!

Acontece que eu queria fazer o que a turma toda faria! E, mesmo minha mãe me proibindo, eu continuava querendo.

Temos a tendência a acreditar que queremos o mesmo que as pessoas com quem convivemos, de quem gostamos ou que admiramos querem. Aposto que alguma vez você já tomou cerveja, mesmo preferindo tomar vinho, apenas porque todos na mesa queriam cerveja e alguém falou: “Pedimos um balde com cinco?” A galera concordou, você não quis ser a única “chata de plantão” e acabou tomando cerveja também. Ou qualquer outro exemplo parecido.

Fazer isso, vez ou outra, não tem problema nenhum. O problema é quando passamos a vida fazendo isso, no famoso “ciclo da vida”:

Nasce, cresce, se reproduz, tenta agradar todo mundo, envelhece e morre.

nasce...
cresce...
se Reproduz
Tenta agradar todo mundo
Envelhece
morre

Mas tenha calma!

Tendência não é sentença.

A tendência que temos a escolher o mesmo que a "turminha" escolheu pode ser superada pela tomada de consciência daquilo que queremos de verdade.

Mas, para poder fazer essa escolha, é preciso saber que isso acontece e, então, se perguntar: "Eu realmente quero isso ou apenas estou indo no embalo da galera?"

Aí, é a hora ser honesta com você e seguir aquilo que seu coração manda, mesmo que vá contra a maioria. É a hora de tomar o seu café puro mesmo que o amor da sua vida, que está sentado bem à sua frente, e a quem obviamente você quer agradar, pedir um *capuccino*! Mas isso só acontecerá — o que também a tornará uma mulher muito mais interessante — quando você tomar consciência daquilo que realmente quer.

Já assistiu ao filme *Noiva em Fuga*? A protagonista, Maggie Carpenter, interpretada por Julia Roberts, é uma mulher que fugiu, literalmente, do altar, bem na hora do casamento, por três vezes. Quando o filme começa, ela já está de casamento marcado mais uma vez, e o noivo atual está planejando, para a lua de mel do casal, uma escalada ao Everest. Maggie não escalava montanhas até então. Ela nem sabia que não queria escalar o Everest em sua lua de mel.

É disto que se trata: sem autoconhecimento, sem clareza de quem você é, do que gosta e do que quer, vai passar a vida se moldando ao que acredita que os outros esperam. Assim, deixará partes suas bem importantes pelo caminho.

Quando deixamos partes importantes de quem somos pelo caminho, passamos a carregar uma sensação de vazio com a gente. Esse vazio não está nos avisando que precisamos comprar roupas novas ou um novo modelo de iPhone. Pode até parecer que é isso, mas não é. São os espaços deixados por partes nossas das quais abrimos mão e precisamos recuperá-las. Só assim o vazio diminuirá.

Em outra parte do filme, Maggie se dá conta de que ela mesma não sabia como gostava dos próprios ovos no café da manhã. Com cada um dos noivos que teve até então, acompanhava automaticamente a preferência deles. Com um, eram ovos mexidos; com o outro, ovos *poché*; já com o terceiro, era omelete só com as claras.

E ela, como gostava dos próprios ovos? E ainda mais importante que isso: como ela poderia descobrir como gostava dos próprios ovos?

Na cena seguinte, vemos Maggie preparando ovos de todas as formas. Depois, coloca vários deles no balcão da cozinha e prova um a um, até descobrir qual é o seu preferido.

O autoconhecimento e a clareza são uma dupla maravilhosa que lhe permitem viver com *integridade*, ou seja, na íntegra, sem deixar nada para trás.

Um bom jeito de fazer isso, resumido em três passos simples:

1. Experimente muitas coisas, amplie seu repertório de experiências da vida.
2. Tenha uma conversa bem honesta consigo mesma sobre as coisas que experimenta e como se sente em relação a elas, assim descobrirá o que "encaixa" e o que "não encaixa" para você.
3. A partir daí, é só fazer mais daquilo que encaixa e menos daquilo que não encaixa.

escolhas

Criamos, dentro de nós, uma hierarquia em relação ao que consideramos mais importante: fazer aquilo que realmente gostamos e queremos ou fazer aquilo que acreditamos que esperam de nós?

Quando eu escolho fazer aquilo que eu realmente quero ou gosto ou, ainda, quando eu digo o que eu realmente penso, ou quando eu digo "não" a um pedido para fazer algo que eu não estou a fim, sou honesta comigo mesma e, como consequência, sou honesta com os demais.

Quando faço ou digo o que eu imagino que os outros esperam ou gostariam que eu dissesse ou fizesse, não estou sendo honesta comigo mesma e, como consequência, estou sendo desonesta com os demais.

A honestidade com o mundo lá fora só é possível quando somos honestas com a gente mesma.

H ONE EST IDADE

- Estado ou situação em que um
- Homem ser humano
- Existe
- Como um só

Parece simples. E até é. Mas ser simples não significa que seja uma tarefa fácil. Para cumpri-la, temos que nos assumir inteiras, com cada partezinha, as boas, as "mais ou menos" e as péssimas, aquelas que nos envergonham e aquelas que nos orgulham de sermos quem somos.

Integridade depende de irmos, pouco a pouco, tomando mais consciência de cada uma das partes que nos compõe e de vivermos a cada dia com mais consciência sobre nós mesmas. Assim, poderemos transbordar o melhor de nós ao mundo, abraçar e corrigir os comportamentos que nos atrapalham e viver o mais plenamente possível enquanto nos aprimoramos pelo caminho.

Descubra como você pode, agora mesmo, experimentar fazer escolhas mais íntegras neste exercício.

Complete a frase a seguir, várias vezes, conforme o exemplo abaixo:

Eu escolho... (Preencha com o verbo que quiser: "fazer, ser, dizer, querer, me comportar" e descreva aquilo que faria se estivesse sendo espontânea) em vez de continuar... (Complete com o mesmo verbo utilizado anteriormente e descreva o que geralmente faz em uma situação parecida para tentar ser aceita ou agradar).

Vamos lá:

Eu escolho...

Ao invés de...

Eu escolho...

Ao invés de...

Eu escolho...

Ao invés de...

Eu escolho...

Ao invés de...

Eu escolho...

Ao invés de...

Eu escolho...

Ao invés de...

Eu escolho...

Ao invés de...

Eu escolho...

Ao invés de...

ser

INTEIRA

ou

viver pela

METADE

?

(4)

Maturidade

Construa maturidade, experimente liberdade!

A regra da vida é clara:

“Todas nós ficaremos velhas... Basta não morrer!”

Em contrapartida, madura, nem todas ficam. Maturidade é outra coisa.

Não tem nada a ver com quantos aniversários você fez.

Conheço muitas meninas de 22 com mais maturidade que senhorinhas teimosas, arrogantes e dramáticas de 80.

Maturidade não tem nada a ver com idade. Tem a ver com querer ser, fazer o esforço necessário para ser e colher os méritos por ser.

Amadurecer é escolha.

Somos maduras quando compreendemos que cada um é cada um, que não existe um único jeito certo de agir.

Maturidade é reconhecer que todo comportamento é útil em algum contexto.

É saber que, quando o assunto é gente, tudo depende.

Maturidade é fazer desta palavra a mais importante de todas:

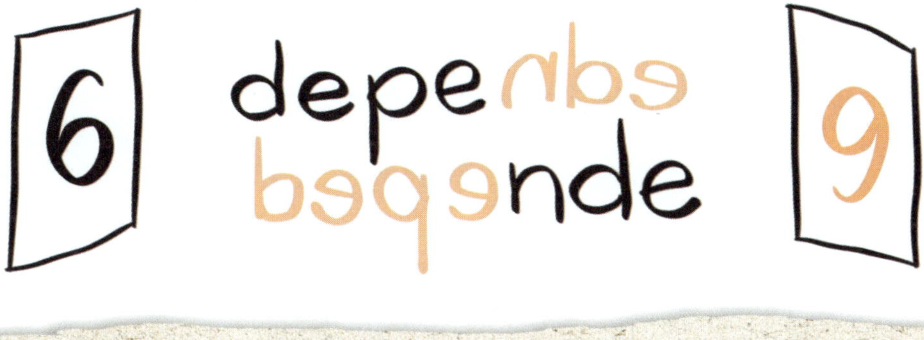

"Mas, Branca, mentir é um comportamento sempre negativo."

Será mesmo? Eu, por exemplo, tenho a transparência como prioridade na minha vida e mesmo assim consigo encontrar exceções em que a mentira pode ser boa.

Uma pessoa que você ama está bem velhinha e doente. Ela lhe pergunta: "Nossa, eu estou acabada, né? Você acha que eu estarei viva no Natal?" Você acredita que não, mas você diz a verdade? Se respondeu que sim, não quero ser sua amiga.

Quero alguém que minta piedosamente para mim quando eu estiver muito doente ou quando eu tentar inovar no meu corte de cabelo e ficar simplesmente horrível, mas que também me diga quando tiver alguma coisa verde no meu dente, por favor.

"Ah, mas e a humildade? Esse sim é um comportamento sempre positivo!" Mas não mesmo... Quando em excesso, faz com que pisem nos seus calos e se "aproveitem da sua nobreza". Posso, inclusive, apostar que isso, algum dia, já aconteceu com você.

Mostre-me uma "verdade absoluta", que eu lhe mostro uma exceção:

"A paz é melhor que a guerra!" Quase sempre é. Mas quando falamos das nossas próprias guerras internas, sabemos bem que tem guerras nas quais vale a pena entrarmos para, assim, conquistar a paz dentro da gente. Quantas vezes você já fingiu a paz do lado de fora, deixando coisas importantes para lá, e uma verdadeira guerra começou aí dentro de você?

"Paz sem voz não é paz, é medo!"
— O Rappa

Para amadurecer, precisamos compreender que nós temos uma grande parcela de responsabilidade em relação à vida que vivemos hoje. E lembrar que a grande maioria das coisas que vivemos foi criada, provocada ou permitida por nós.

Maturidade contém aceitação, observação, flexibilidade, empatia e responsabilidade.

Maturidade é manter uma linha direta com a própria consciência, é saber que sempre podemos nos aprimorar ao caminhar.

Se eu procuro um culpado para o que não acontece como eu quero, não me responsabilizo.

Se eu não me responsabilizo, não tomo consciência das mudanças que preciso fazer.

Se não tomo consciência, não mudo meus comportamentos.

Se não mudo meus comportamentos, posso dar adeus à minha maturidade, pois ela nunca chegará, por mais velas que assopre em cima do bolo.

Tem fruta que apodrece antes de amadurecer. Isso é verdade para algumas pessoas também! Amadurecer não tem nada a ver com se tornar aquela pessoa séria, chata. Muito menos ser a dona da verdade e querer que as coisas sejam do seu jeito.

Maturidade é flexibilidade, é crescimento, é tomada frequente e constante de consciência, aprendizados, mudança. Maturidade é presença. É viver vida com intenção, direção, intensidade e autenticidade. É ter coragem de levantar o peito e subir de cabeça erguida no palco da vida, considerando os riscos e os possíveis ganhos, se posicionar bem abaixo dos holofotes e se tornar a protagonista dessa história chamada: A MINHA PRÓPRIA VIDA!

(quem) você é

\+ a vida que você quer

Propósito ✓

10 pressupostos da Mulher de propósito

Ou, ainda, pequenas doses de tomadas de consciência que vão levá-la a um novo patamar!

Eu sou

EU

O outro é o outro

1) EU SOU EU, O OUTRO É O OUTRO

Você é inteira. O outro também.

Você não é metade da laranja de ninguém.

O outro não é um "puxadinho" seu.

Cada um é uma construção própria em um terreno diferente.

Somos indivíduos, seres completos em si mesmos, indivisíveis. Um filho não é um complemento da mãe. Uma mãe não existe para satisfazer os desejos e as necessidades do filho. Uma amiga não é coadjuvante da história da outra, ela é protagonista da própria história, e lembrar-se disso nos faz cobrar menos e curtir muito mais a presença dessa pessoa em nossa vida, além de respeitar as diferenças e o espaço de cada uma.

Você não é a metade da laranja de ninguém, você é uma "laranja inteirinha da Silva", e seu par também. É bem bonitinha essa história de "tampa da panela", mas entre ser bonitinho e fazer alguém feliz há uma distância enorme.

Cada um de nós é um mundo inteiro, e nos ver assim faz com que a gente respeite o espaço, as crenças, as escolhas, os aprendizados dos demais.

E, quando eu faço isso, uma mágica acontece: a individualidade.

Quando me esforço para permitir que o outro seja realmente outro, meu julgamento diminui.

Quando meu julgamento em relação ao outro diminui, também diminui meu medo de ser julgada pelo outro.

E é, justamente, nesse espaço que respiramos aliviadas em ser quem somos e passamos a exercitar, à medida que esse medo se torna cada vez menor, a nossa autenticidade.

Dando, internamente, o direito ao outro viver com um sentido autêntico, me torno alguém que não coloca mais o julgamento alheio em primeiro plano.

Lembro-me de uma vez, quando meu filho Gabriel estava com uns 10 ou 11 anos. Estava tomando banho e eu entrei no banheiro, coloquei a mão embaixo do chuveiro para sentir a temperatura da água. Mesmo sendo um dia frio de inverno, o chuveiro estava no modo "desligado" e a água estava gelada! "Gabriel, como você consegue tomar banho frio, num dia frio desses?", perguntei a ele, que nessa hora me deu a maior lição de individualidade que tive a oportunidade de ter até hoje: "Ué, simples! É que eu tô tomando banho com o meu corpo!"

Nós, seres humanos, temos mania de querer que a temperatura da água que nós consideramos ideal para tomarmos o nosso banho seja ideal para o banho de todo mundo também. Quanto mais amamos outro ser humano, mais queremos que ele tome seu banho com a água na mesma temperatura com a qual nós tomamos o nosso.

É óbvio que eu não estou falando sobre banhos aqui. Estou falando sobre religiões, sobre ser vegano ou comer carne, sobre o estilo de roupa, de música ou de vida, de ter ou não tatuagem. De todas as escolhas diferente das que você faria, que o outro faz.

A razão é simples e aprendi com o Gabriel: no chuveiro da vida, cada um de nós está tomando banho com o próprio corpo, e isso nos dá (ou deveria nos dar, pelo menos) o direito a escolhermos por nós mesmos a temperatura da água.

Respeitar a individualidade é o caminho para a INTEGRIDADE!

Eu sou prioridade pra mim

2) EU SOU PRIORIDADE PARA MIM

"Ah... seja boazinha, empreste seu brinquedo novo para o amiguinho que acabou de conhecer no parquinho! Seja uma boa menina e pegue um copo d'água na cozinha para a mamãe. Ajude a vovó, depois você continua vendo o desenho. Você é a irmã mais velha, precisa me ajudar a cuidar dos seus irmãos. Homens não são bons com essas coisas, você é menina e tem que me ajudar a lavar a louça."

A maioria de nós aprendeu, desde pequena, que ser "boa" e "ser boazinha" são sinônimos. Para isso, o melhor caminho, basicamente, era: abra mão de você mesma e faça o que os outros esperam de você. Comporte-se como imagina que os outros gostariam que se comportasse. Ajude e cuide de tudo e de todos em sua volta. Aí, depois, se sobrar tempo, você cuida de você.

Nós queremos ser uma boa pessoa, não queremos ser mulheres vis e egoístas, então continuamos emprestando as coisas que a gente ama para "merecermos" as amigas que temos. Fazemos, muitas vezes, do casamento uma "adoção tardia", em que o "maior abandonado" é incompetente até em lavar louça, fazer jantar ou pendurar a toalha molhada no banheiro, e você está lá, se deixando de lado para "cuidar dele". Depois vêm os filhos e, pronto, era uma vez o que ainda poderia ser considerada a sua vida. Dormir? Mãe não pode mais, fazer as unhas se torna uma lembrança distante, os filhos vão crescendo e seria coerente que fossem também se tornando mais independentes. Mas nem sempre é o que vemos. Até que um dia vão embora e o vazio fica. A síndrome do ninho vazio (já ouviu falar disso?) existe porque a mulher se ocupou tanto com os outros que quando, finalmente, tem tempo para cuidar de si não sabe nem o que fazer ou por onde começar. E se perde.

Esse vazio é justamente o espaço para cuidar de si mesma, que agora sobrou.

Uma parte nossa até acredita que, como passamos a vida cuidando dos outros, também seremos prioridade para eles. E até podemos ser, em alguns momentos, para algumas pessoas, mas nunca na medida que sentimos que seria equivalente ao quanto abrimos mão de nós mesmas pelos demais.

A verdade é que cada um está aqui, neste planeta, tentando fazer o melhor que pode com a realidade que tem. Então, as pessoas podem até cuidar de você, mas precisam cuidar delas também em primeiro lugar. Assim vem a decepção. Afinal de contas, você se doou tanto, fez tanto, agora é "óbvio" que seria a sua vez.

A questão é: você fez porque quis. Escolheu se deixar em segundo plano. Os outros escolheram se priorizar. Estão certinhos. A errada foi você. E não adianta nada dar voz à vítima que mora dentro de você e diz: "Ah... quando chega a minha vez, nunca sobra nada pra mim!" O que adianta é você assumir que é você quem deve cuidar de si mesma, que essa é uma tarefa única e exclusivamente sua e não pode ser delegada. Assim, poderá compartilhar momentos com quem escolher ter por perto, mas sem, jamais, abrir mão de você.

Cuide bem de você.

A forma como você cuida de si mesma é que vai ensinar aos outros como você merece ser tratada.

Eu sempre faço o melhor

que posso

com o nível de consciência que

eu tenho

3) EU SEMPRE FAÇO O MELHOR QUE POSSO COM O NÍVEL DE CONSCIÊNCIA QUE EU TENHO

Aposto que você já olhou para trás e para o caminho que percorreu até aqui e viu algumas bandeiras vermelhas, representando cada um daqueles momentos que adoraríamos esquecer, fincadas pelo caminho. Acontece que nossa memória adora esquecer o que gostaríamos de lembrar e lembrar o que adoraríamos esquecer. Por esta razão, colocou cada uma dessas bandeirinhas lá: para lembrá-la de cada situação constrangedora, vergonhosa ou, no mínimo, embaraçosa que viveu até hoje.

Se você já caiu de bunda na rua, mentiu e foi descoberta, travou no meio de uma apresentação, tomou um fora, bebeu até vomitar ou deu aquela escorregada numa casca de banana qualquer da vida, sabe bem do que eu estou falando: de se sentir a pior pessoa do mundo por algo que fez no passado e sobre o qual não pode mais fazer nada a respeito além de se culpar. A situação passou, mas a culpa ficou.

Quando sentimos culpa, passamos a alimentar uma série de crenças de não merecimento e incapacidade dentro da gente. Essas crenças nos impedem de darmos os passos que sabemos que são necessários para alcançarmos os objetivos que temos na vida.

Existe um pressuposto na PNL que diz: "Todo ser humano sempre faz a melhor escolha que tem disponível no momento!"

Se me arrependo de algo que fiz é porque aquela era, naquele momento, a melhor escolha que eu tinha disponível. Se hoje estou arrependida e sinto culpa é porque eu tenho mais consciência sobre o que eu poderia ter feito de diferente e melhor naquela época.

Se eu tenho mais consciência, significa que, se o que aconteceu no passado acontecesse hoje, eu agiria de uma forma diferente.

Isso é o suficiente para que a gente possa se perdoar. Ou, pelo menos, deveria ser. Porque sem a gente se perdoar fica muito mais difícil superar e avançar.

Eu posso apostar que ficar presa nos erros do passado se sentindo culpada não é exatamente a vida de propósito que você quer para você. Acertei? Além do mais, não é nada justo você julgar o seu "eu do passado" com o seu "eu de hoje". O seu "eu de hoje" sabe muito mais coisas, viveu muito mais experiências, logo está mais apto a fazer escolhas melhores em uma próxima oportunidade.

Assim, você poderá seguir em frente! Até porque é "lá na frente" que estão todas as possibilidades da vida incrível que você quer viver, e continuar se culpando de coisas que já não podem mais serem mudadas é só mais uma maneira que temos de nos boicotar e continuarmos olhando para trás!

Em tudo que acontece há uma oportunidade de aprendizado

4) EM TUDO QUE ACONTECE, HÁ UMA OPORTUNIDADE DE APRENDIZADO

Se você experimentar completar a seguinte frase: "A vida é como...", descobrirá que existem muitas metáforas possíveis!

A vida é como um videogame, a próxima fase é sempre mais difícil.

A vida é como uma peça de teatro que não permite ensaios.

A vida é como um restaurante do qual ninguém vai embora sem pagar.

Eu gosto desta: a vida é como uma escola que dá a prova antes da lição.

Clichê total, eu sei. Mas é útil. Útil porque nos permite olhar para cada chabu da vida com olhos de: "Cadê o aprendizado que tem escondido aqui?" E, acredite, ele está lá!

Quando algo que não queremos que aconteça acontece, temos sempre algumas opções disponíveis:

1. Reclamar do quanto a vida é injusta.

Quem escolheu esta alternativa pode também aproveitar para se vitimizar e fazer aquele drama. Mande mensagens contando todo o seu sofrimento e a injustiça que está sofrendo para o máximo de pessoas possível, mas lembre-se de, a cada vez que você contar essa história para alguém, sempre aumenta um pouco o seu sofrimento. Fazendo isso, você poderá *ressentir* essa mesma história, muitas e muitas vezes.

"Re" é um prefixo utilizado na língua portuguesa que significa "de novo". Ou seja, escolher essa alternativa é colocar um "de novo" perante o sofrimento e a dor que sente. Uma pessoa ressentida é uma pessoa amarga, chata, reclamona, ingrata e pessimista. Claro, ela está sentindo repetidamente as dores do passado e escolhendo mantê-las presentes.

Se essa é a versão de você que escolhe ser, vá em frente. Inclusive, reclamar também tem o prefixo "re", o que significa "clamar por mais disso" em nossa vida. Melhor não, né?

2. Culpar-nos.

A gente pode também usar o que aconteceu para lembrar que a gente nunca faz nada certo, que a vida é uma droga e que a gente é burra, idiota, incompetente e que "Não somos boas o suficiente!", e por isso tudo sempre dá errado, e é claro que essa não foi a primeira vez e que vai dar tudo errado na próxima vez também. Todo mundo consegue, menos você. Todo mundo é melhor, mais disciplinado, mais corajoso que você. Você é essa criatura que sempre faz tudo errado mesmo, e é melhor nem tentar de uma próxima vez.

Se você escolheu esta opção, também pode lembrar-se de todas as vezes que já estragou tudo, que não deu conta e que teve que sofrer as consequências da sua própria incompetência. Assim, vai evitar, com todas as suas forças, fazer algo novo ou diferente e terá desculpas para abandonar cada ideia ou projeto que quiser empreender nesta vida.

Tem gente que consegue, inclusive, juntar a primeira e a segunda opções e, assim, sofrer dobrado, por mais tempo e em maior intensidade. É claro que essa pessoa vai ter assunto por um tempão, só não sei se será um assunto interessante para manter boas relações, mas terá.

Ou você pode levantar, dar aquela boa e velha sacudida na poeira, respirar fundo e ir direto para a terceira opção.

3. Aprender a lição.

Ela está lá. Se você estiver disposta a, conscientemente, tirar o drama da situação e parar de levar a vida para o lado pessoal, ficará muito mais fácil de encontrá-la.

Quando digo que a vida não é nada pessoal, quero dizer que a chuva não cai para estragar a sua escova incrível ou que seu pó compacto caríssimo caiu no chão e quebrou em mil caquinhos porque a vida odeia você. Na verdade, isso se chama "lei da gravidade", e ela existe para todos nós igualmente, e não foi criada para sacanear você. Talvez, nessa hora, pense: "Ah, mas meu pão com manteiga cai sempre com a manteiga pra baixo!" Eu lhe digo que estatisticamente seu pão cai 50% das vezes com a manteiga para cima, mas nessas vezes você ignora que isso aconteceu e segue em frente, enquanto, quando ele cai com a manteiga para baixo, você passa o dia reclamando e dando muito mais atenção ao pão que caiu.

Mas o que podemos aprender com o pão que caiu?

A tomar mais cuidado na próxima vez, a pegar um prato, a comer na mesa da cozinha, em vez de andando pela casa enquanto olha o celular.

E com o pó compacto no chão? A manter a pia do banheiro minimamente organizada para ter espaço para ele, a segurar direito, a prestar atenção e fazer as coisas de uma maneira mais presente.

E com o chifre que levei? Quais são os sinais aos quais deve prestar atenção para que isso não aconteça novamente numa próxima relação. Que não é natural a pessoa passar horas de porta trancada no banheiro com o celular e sempre atendê-lo longe de você. A parar de fingir que não via que o relacionamento estava cada vez mais distante.

E com a chuva que estragou minha escova novinha? A andar com um guarda-chuva ou esperar a chuva passar antes de sair. Ou dar aquela espiada na previsão do tempo antes de marcar de fazer o cabelo.

E com o dinheiro que emprestei e não me devolveram? A fazer um contrato que lhe garanta com um bom advogado, que dinheiro não é coisa que você deva emprestar; já que você não é banco, deixe que ele cumpra esse papel numa próxima vez. A dizer não quando lhe pedirem dinheiro emprestado.

No início não é tão simples de ver, mas o aprendizado está lá, é só procurar mais um pouquinho. Nas pequenas coisas bobas do dia a dia que nos irritam e até mesmo nas grandes tragédias da vida, ele sempre estará lá.

Geralmente o tamanho do aprendizado é proporcional ao tamanho da dor que causou. Focar o aprendizado faz com que você foque menos a dor e, assim, sofra menos, pois se ocupará em usar o aconteceu para crescer, evoluir e seguir em frente.

Além disso, escolher essa alternativa vai deixar a vida muito mais leve e você muito mais confiante. Como aprendeu algo novo, não vai "errar o mesmo erro" na próxima vez; assim, se sentirá mais preparada para alcançar a vida que deseja e essa, por si só, é razão mais do que suficiente.

Para tudo superar, o aprendizado

escondido você deverá encontrar!

Eu reconheço e valorizo os

MEUS ACERTOS.

Quando alguém ME reconhece e valoriza,

EU ACEITO.

5) EU RECONHEÇO E VALORIZO OS MEUS ACERTOS. QUANDO ALGUÉM ME RECONHECE E VALORIZA, EU ACEITO

Imagine a seguinte cena, provavelmente bem parecida com muitas das que você já viveu até hoje: alguém chega para você e, espontaneamente, a elogia. O cabelo que você acabou de cortar, uma planilha que você fez, uma apresentação... alguém simplesmente diz que está bonita, que a armação nova dos seus óculos supercombinou com o seu estilo, que você é engraçada ou inteligente ou, ainda, que parece muito mais jovem ou que é uma mulher brilhante.

Qual a chance de você ficar constrangida com o elogio e se apressar em justificar que não tem motivos para tal reconhecimento positivo? Talvez tenha até explicado para pessoa em questão que você não é "tudo isso"!

"Que linda essa nova cor de cabelo!", "Ah, mas olha como ficou ressecado!"

"Nossa, você emagreceu!", "Emagreci nada, olha só esse pneu aqui na minha cintura!"

"Você é muito inteligente", "Sou nada, sempre fui péssima em matemática".

Será que, em algum ponto da nossa educação, nós confundimos aceitar reconhecimentos com arrogância e, para tentarmos sermos humildes, justificamos que somos sempre menos ou menor que o elogio recebido?

A palavra que originou "humildade" foi *humus*, uma palavra grega que significa "terra", que também deu origem às palavras "homem" e "humanidade". "Humilde" também vem do grego *humilis*: "aquele/aquilo que fica no chão".

Humildade significa ter noção da realidade, permanecer com os pés no chão sem deixar o ego se inflar com gás hélio, fazendo-a flutuar acima dos demais, acreditando que é melhor do que os outros e diminuindo quem estiver em volta para que se sinta superior.

Não tem nada a ver com não reconhecer ou até mesmo com esconder as suas qualidades.

Humildade também é você saber que ser muito boa em alguma coisa não a faz melhor do que ninguém, porque cada um tem seus talentos, conhecimentos e motivos para ser elogiado. Se nós aceitamos que somos boas, podemos reconhecer o que vemos de bom nas outras pessoas também e, assim, aprender com elas e com aquilo em que são boas.

Só quem é humilde se abre a aprender com quem é diferente.

Assim, vamos deixar combinado: humildes? Sim, somos! Reconhecemos o que temos de lindo, incrível e sensacional? Também! E quando alguém nos reconhece, admira e valoriza? Aceitamos.

Fiz um trato comigo mesma há algum tempo e compartilho aqui com você: cada vez que alguém me elogia ou reconhece, eu digo apenas: "Obrigada por reconhecer isso em mim!" E quando vejo algo bom em alguém, reconheço.

Reconhecer é um verbo que também tem o prefixo "Re" na frente. Você deve lembrar-se de quando falamos de "reclamar" e de "ressentir". Como o prefixo "re" significa "de novo", isso quer dizer que, para reconhecermos algo bom em alguém, primeiro precisamos conhecer essa mesma qualidade em nós mesmas.

Eu simplesmente adoro essa ideia. Ela faz com que eu entregue, a cada pessoa que cruzar o meu caminho, a minha percepção do que vejo de bom nela, pois, quando eu reconheço algo bom no outro, é que eu fortaleço a mim mesma. Ambas ganham.

Tem uma poesia de Marianne Williamson, em seu livro *Return to Love*, de 1992, que ficou bastante conhecida após o filme *Coach Carter* e é praticamente uma "oração" contra o excesso de modéstia e a insegurança que nos impedem de admirarmos nossas próprias qualidades e resultados. Ela nos dá permissão e nos liberta para sermos o melhor que podemos a cada momento:

Nosso maior medo não é sermos inadequados.

Nosso maior medo não é saber que nós somos poderosos, além do que podemos imaginar.

É a nossa luz, não nossa escuridão, que mais nos assusta.

Costumamos nos perguntar:

"Quem sou eu para ser brilhante, lindo, talentoso, fabuloso?".

Na verdade, a pergunta deveria ser:

Quem é você para não ser?

Você, pensando pequeno, não ajuda o mundo.

Não há nenhuma bondade em você se diminuir, recuar para que os outros não se sintam inseguros ao seu redor.

Todos nós fomos feitos para brilhar, como as crianças brilham.

Enquanto permitimos que nossa luz brilhe, nós, inconscientemente, damos permissão a outros para fazerem o mesmo.

Quando nós nos libertamos do nosso próprio medo, nossa presença automaticamente libertará os outros.

Marianne Williamson
(*Return to Love*, 1992).

não preciso competir
para ganhar

A vida já está
ganha.

6) NÃO PRECISO COMPETIR PARA GANHAR. A VIDA JÁ ESTÁ GANHA

Pega-pega, queimada, dama, dominó, esconde-esconde... vamos brincar e ver quem ganha? A competição faz parte de quem somos e de como vivemos. Ganhar é uma delícia. Eu adoro. Eu me considero uma mulher um tanto competitiva e confesso que lidei com a vida em minhas primeiras quatro décadas como se fosse mesmo um jogo e ganhar significasse ter sucesso e reconhecimento dos demais.

No fundo, no fundo, a vida é sobre ganhar o jogo e ter reconhecimento, mas só há uma pessoa de quem você deve ganhar esse jogo hoje: da mulher que você foi ontem. Assim como só há uma pessoa que precisa reconhecê-la e aplaudi-la para que você possa se tornar melhor ainda amanhã: você mesma.

Nós vivemos em uma cultura de competição e comparação. Praticamente, nascemos em meio a uma grande competição: "Meu filho mamou até seis meses...", "Ah... mas o meu mamou até os dois anos!"; "Meu filho andou com um ano e três meses...", "Ah, mas o meu andou com 11 meses!"

E agora, algumas décadas depois, continuamos: "Minha amiga se casou aos 22 anos, comprou a casa própria aos 25, teve o primeiro filho aos 26, o segundo aos 30, e aos 35 montou uma empresa de sucesso. Enquanto eu estou aqui aos 47 e minha vida aconteceu, até aqui, de forma muito diferente da dela. E está tudo bem."

Claro que, em alguns momentos da história, me senti meio desencaixada nesse jogo, afinal, costumamos ter a sensação que quem "ganha" é quem se encaixa melhor naquilo que é considerado mais "normal" em cada geração e cultura.

Isso acontece porque este é o jogo que escolhemos jogar: quem segue o caminho mais normal, mais comum e chega primeiro, ganha! No momento em que escolhemos parar de jogar o jogo da competição, paramos de nos comparar, e esse é o momento em que nós, verdadeiramente, ganhamos.

Ganhamos o direito de protagonizar a nossa própria história do nosso jeito. Ganhamos o direito de fugir da normose, deixando de repetir comportamentos e atitudes apenas porque são culturalmente considerados melhores, mesmo que não tenham nada a ver com aquilo que consideramos bom para nós mesmas.

Ganhamos a liberdade de sermos quem somos, de admirarmos e valorizarmos nossa própria individualidade. De querermos o que quisermos e de valorizarmos o que valorizamos.

Enfim, uma vida com propósito é construída intencionalmente sem competição e sem comparação. Uma vida com propósito tem *intenção e direção*.

Enquanto estivermos observando o *feed* do Instagram com olhos de comparação, jamais seremos felizes, porque estaremos comparando a nossa realidade com as "vírgulas" da realidade de outras pessoas, que têm outras prioridades e estão escrevendo outras histórias em seus próprios tempos.

Quando nos comparamos com as cenas de sucesso mostradas em uma rede social por um outro ser humano, estamos construindo nossa própria frustração, pois é quando criamos, pouco a pouco, uma visão incompetente e inferior de nós mesmas.

Quando fazemos isso diariamente, ser quem somos perde a graça, pois é ofuscado pelo brilho dos filtros da perfeição utilizados geralmente nas redes sociais, e definitivamente esta não é uma competição justa: aquilo que você vive com aquilo que os outros postam.

existe
muita
sabedoria
em
MIM

7) EXISTE MUITA SABEDORIA EM MIM

Uma das perguntas que mais me fizeram até hoje: "Como faço para ouvir a minha intuição?" Eu, sem titubear, respondo: "Você já a ouve! O que você ainda não faz é dar crédito a ela!"

Se quiser confirmar o que eu acabei de dizer, é só lembrar-se daquela última pessoa bem idiota com quem você se envolveu. Conforme vocês foram se conhecendo, uma série de "alarmes internos" foram soando. Não foram? A criatura tratou mal o garçom no restaurante? Alarme. O ser inescrupuloso foi pego na mentira? Alarme. Sumiu um final de semana inteirinho? Alarme soando bem alto e com luzes vermelhas piscando. Era sua intuição sendo tão discreta quanto um caminhão de bombeiros.

Cada alarme que você identificou soando aí dentro a deixou meio em dúvida se devia seguir em frente ou não. Não deixou? Então, essa era a sua intuição gritando para que você prestasse atenção!

Você já sabia que aquela relação não estava funcionando, também sabia que merecia mais. Entretanto, escolheu ignorar, porque vai que, de repente, essa voz tão lúcida, madura e sensata estivesse errada. Você estava tão disposta a se apaixonar que arrumou justificativas para cada um dos alarmes que sua intuição esfregou bem na sua cara no caminho. Pois é... Então, não me venha dizer que não ouve sua intuição. E você já a ignorou tantas vezes que nem sei por que ela ainda insiste em falar com você.

É um ciclo: sua intuição diz. Você duvida, decide continuar e se ferra. Termina a história vivendo uma situação horrível, exatamente o que sua intuição avisou. Promete que a ouvirá na próxima vez. Quando se dá conta, está fazendo tudo isso de novo!

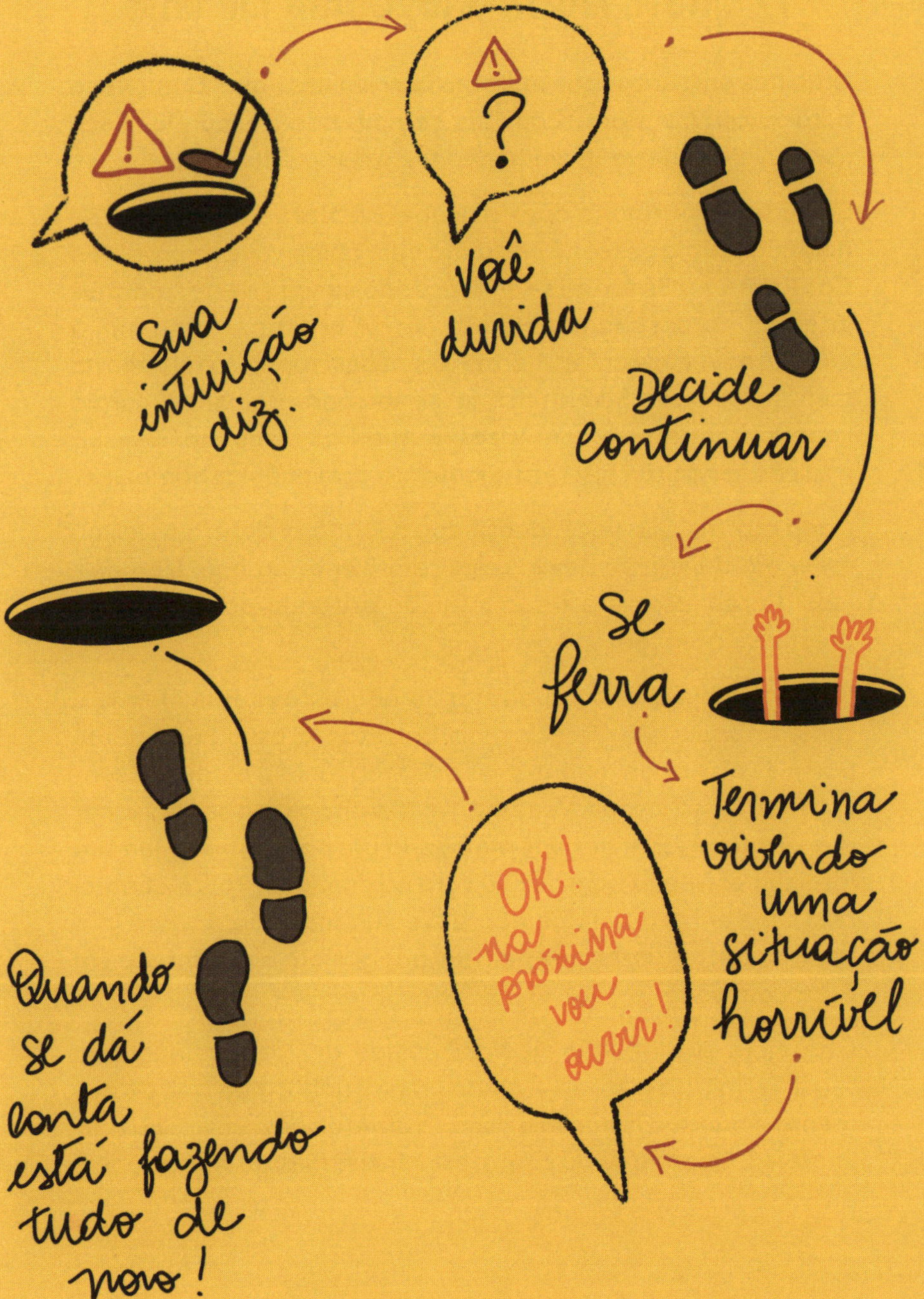
Sua intuição diz:
Você duvida
Decide continuar
Se ferra
Termina vivendo uma situação horrível
OK! na próxima vou ouvir!
Quando se dá conta está fazendo tudo de novo!

Por que fazemos isso? Simples. Porque não confiamos em nossa própria sabedoria.

É como se considerássemos que o conhecimento e a sabedoria dos outros têm mais valor que os nossos. Costumamos tirar o crédito de nós mesmas e entregamos de mão beijada a alguém que acabamos de conhecer. Aí, muitas vezes, chegamos à conclusão: "Preciso parar de confiar nos outros!" Nananinanão... pode parar, minha Pequena Padawan!

O que você precisa é confiar mais em si mesma. Aí, sim, saberá em quem, quando e quanto confiar. Sua sabedoria lhe dirá!

para VIVER a vida que eu quero PRECISO assumir a RESPONSABILIDADE

8) PARA VIVER A VIDA QUE EU QUERO, PRECISO ASSUMIR A RESPONSABILIDADE

É muito cômodo, fácil, e eu diria que até mesmo prático, passar a vida reclamando que a vida está uma "bosta" enquanto procuramos um culpado para tudo que não sai como a gente quer. Sua mãe, que não deixou você fazer aquele intercâmbio. Seu irmão, que era o preferido do seu pai. Seus amigos, que fazem péssimas escolhas e a levam para o buraco com eles. Seu ex, que lhe colocou um par de chifres. Seu chefe, que não dá *feedback*. O RH, que não a promove. A gravidade, que deixa, a cada ano, seus peitos mais próximos do cós da sua calça. A balança, que não perdoa as besteiras que você pede no iFood.

Aí, é claro que fica difícil viver a vida que queremos, afinal, nos sobram desculpas e nos falta tempo, porque vivemos ocupadas em fazer as coisas que a rotina cobra e não aprendemos a priorizar.

Uma parte da responsabilidade por tantas de nós agirem dessa forma e empurrarem a vida sem se responsabilizar pelas próprias escolhas é que, culturalmente, nós não aprendemos a cuidar da nossa própria vida.

Aprendemos história, geografia, química, física, biologia, a fórmula de Bhaskara e a guerra dos Canudos, mas não aprendemos a gerenciar nosso dinheiro; a nos alimentarmos direito; não tivemos aulas de relacionamentos interpessoais, sobre como construir um casamento feliz e que respeite a individualidade nem sobre como criar filhos autônomos; muito menos de autoconhecimento, de como descobrir o nosso propósito ou como viver intencionalmente, de uma forma mais plena e feliz.

Acontece que essas coisas são muito mais importantes de serem aprendidas na vida, e — diferentemente, por exemplo, da capital de Butão, informação da qual, se por caso algum dia você precisar, é só jogar no Google e descobrir — você vai ter que descobri-las sozinha.

É algo fácil? Não é! Dá para ser feliz sem buscar, com profundidade, esse aprendizado? Também não. Até dá para fazer de conta que sim. Inclusive, conheço muitas pessoas que o fazem. Mas como você está aqui, firme e forte, até agora, posso apostar que não é uma delas.

A vida que você vive hoje é reflexo das responsabilidades que você assume e das escolhas que você faz. Descobrir isso é o que lhe dá a garra necessária para deixar de ser a "coitada massacrada pela vida" e se tornar a mulher que vive de propósito que você quer ser.

Sabemos que "nós colhemos o que plantamos", claro, essa é a frase mais clichê do mundo. Acontece que a maioria de nós sabe disso na cabeça, mas não no coração. Apenas quando acreditamos estarmos pesando "x" quilos, subimos na balança e descobrimos que estamos pesando "x+10" quilos é que cai a ficha do que "colher", ali naquela frase, realmente significa.

Estamos colhendo hoje o que plantamos nos últimos meses e anos. Ao mesmo tempo em que estamos, hoje, plantando aquilo que colheremos logo mais.

Como você quer que esteja sua conta bancária, suas relações, seu corpo, sua saúde, seus resultados em cada área da vida daqui a cinco anos? É o que você colherá se continuar plantando isso que está plantando hoje? Se não for, fica bem difícil viver a vida que quer, já que está construindo algo diferente. Percebe?

É disto que se trata assumir a responsabilidade: de compreender e aceitar o jeitão de funcionar da vida. Você não vai colher chuchu se plantar abobrinha. Pode chorar, reclamar para as amigas, se sentir injustiçada e se fazer de vítima. Pode repetir para si mesma que a vida é injusta e que não importa o que você faça, pois nunca consegue o que quer, mas vai continuar colhendo chuchu!

existe uma
vida
INCRIVELMENTE
abundante
esperando
por mim
AGORA

9) EXISTE UMA VIDA INCRIVELMENTE ABUNDANTE ESPERANDO POR MIM AGORA

Aquilo que você pensa sobre si mesma, sobre a vida e sobre as oportunidades que estão disponíveis para você é o que determina a sua disposição para agir na direção de conquistar ou não aquilo que quer.

O que pensamos determina o que sentimos. Nossas ações são consequência do que pensamos e sentimos. O que nós fazemos determina os resultados que temos.

Ou seja, tudo começa com um pensamento.

Sendo assim, quando perceber que você quer algo, comece fazendo a si mesma cinco perguntas em relação ao que quer e dê uma nota de 1 a 10 como resposta a cada uma delas. Imagine a pontuação 1 como sendo "muito pouco ou quase nada" e o 10 como sendo "totalmente ou muito".

1. **Quanto eu QUERO?**

Observe que, quanto mais você quer algo, mais estará disposta a fazer o que precisa para consegui-lo. Isso inclui esforço, busca por aprendizados necessários, bem como a paciência que precisa ter para que possa colher o que plantou, pedir apoio para quem já alcançou um resultado parecido, enfim, dar todos passos necessários. Querer "mais ou menos" nos deixa também "mais ou menos" com vontade de agir e, nesse caso, é comum a gente esperar a próxima segunda-feira para começar. Você já imagina o que acontece na segunda, né? Nada.

2. **Quanto eu MEREÇO?**

Quanto mais acreditar que é merecedora e alimentar crenças de merecimento em si mesma, mais irá sentir-se, realmente, merecedora.

Assim, mais leve e mais fácil parecerá o caminho que precisa seguir para que possa alcançar aquilo que quer; mais coragem terá para se colocar na direção de buscar o que quer; e melhor se sentirá em relação a si mesma durante essa busca.

Consequentemente, ganhará persistência, aquela teimosia necessária para conquistar as coisas não imediatas da vida.

3. O quando eu SOU CAPAZ?

Quanto mais acreditar que é capaz, menos se importará com os tombos no caminho, mais rápido levantará de cada um desses tombos e mais acreditará que merece chegar aonde quer.

Observe como as crenças estão interligadas dentro de nós: merecer e ser capaz são duas faces de uma mesma moeda. Essa é a moeda do "Eu consigo!", e, como dizia Henry Ford: "Quer você acredite que consiga fazer uma coisa ou não, você estará certa!"

4. O quanto é POSSÍVEL?

Se você pensa que algo é impossível, sua mente, com certeza, vai encontrar meios de boicotá-la para provar a si mesma que tinha razão.

Até porque ninguém é idiota para trabalhar, colocar foco, tempo e energia em algo impossível de se realizar. Descobrir contraexemplos daquilo que quer realizar pode ajudar. Procure encontrar seres humanos, o mais próximo possível de você, que tenham alcançando um objetivo semelhante.

Por que alguém próximo? Porque se uma única pessoa lá do outro lado do mundo fez aquilo que você também quer fazer, pode continuar impossível dentro daquilo que acredita que pode se tornar real. Em contrapartida, se a sua tia-avó conseguiu fazer algo semelhante, você vai lá e faz também, pois parecerá algo muito mais fácil.

5. O quando isso que eu quero é um querer AUTÊNTICO?

Um exemplo que vai deixar essa questão bem clara: você quer engravidar porque quer ser mãe ou porque sua mãe quer ser avó?

Quando digo que quero algo, eu mesma estou querendo ou é o amor da minha vida que pediu, minha amiga que está tentando me convencer a querer, minha mãe e meu pai que ficariam orgulhosos caso eu quisesse?

É importante deixar claro que não tem nenhum problema em fazermos algo para deixar os outros felizes, desde que tenhamos consciência de essa foi a nossa escolha, assim como de quanto teremos que sacrificar de nós mesma para fazer isso.

Se você der a alguma dessas perguntas uma nota abaixo de 8, vale a pena se perguntar e tentar compreender o porquê. Observe atentamente as notas dadas e presta atenção aos pensamentos que surgirem como explicação, pois eles lhe darão informações importantes sobre o motivo de você não estar ainda vivendo a realidade que deseja. Pensamentos são como tijolos que constroem a realidade.

Vigie seus pensamentos e comece, gradativamente, a duvidar das crenças negativas que tem sobre si mesma. Na maioria das vezes, somos muito melhores e maiores que pensamos.

Abra-se, pouco a pouco, a acreditar que você merece mais e que pode mais e veja novas e melhores crenças sobre você mesma, sobre a vida, sobre as suas relações e seus resultados surgirem.

Nossa mente é como uma nascente de água: despolua-a, elimine cada crença limitante que puder identificar e veja novos cursos d'água começarem a surgir. Quando você faz a sua parte dessa maneira, a vida sorri para você com infinitas e maravilhosas possibilidades que, até então, nem haviam sido cogitadas ou pareciam impossíveis.

eu
posso
querer
o
que
eu
quiser

10) EU POSSO QUERER O QUE EU QUISER

Quando somos crianças, nós sabemos que podemos querer tudo que quisermos! Afinal de contas, para que inventaram o Papai Noel? Para nossos pais se endividarem? Claro que não! Para que nós pudéssemos querer tudo que a gente quisesse. E a gente queria mesmo! Pedia no Natal e ganhava ou não, dependendo da condição da família ou do absurdo do pedido em questão.

Conforme fomos nos tornando adultas e sofrendo uma ou outra frustração, percebemos que um "querer maior do que a realidade" é a receita perfeita para a frustração.

Para evitar decepções, fomos, pouco a pouco, diminuindo o tamanho do nosso querer. Até que, um belo dia, acordamos e nos demos conta de que nos conformamos a querer bem pouquinho. Nós nos conformamos com a hora em que acordamos, com a hora que finalmente conseguimos pegar no sono e com tudo que fazemos entre essas duas coisas.

Pouco nos sobram tempo para fazer e dinheiro para ter aquilo que queremos de verdade, e acabamos aceitando que está tudo bem, já que, ao mesmo tempo, também fomos nos desconectando do nosso querer.

Realizar grandes feitos, fazer grandes viagens, comprar aquele carrão maravilhoso, lançar um livro, montar uma banda, ser rica e famosa, se realizar verdadeiramente em uma profissão se tornaram "superficialidades" para as quais você, uma mulher adulta, responsável, exausta e perdida, não tem tempo.

Não existe "querer" melhor ou "querer" pior. Existem "quereres" diferentes, que são motivados por valores diferentes. O melhor "querer" é aquele que é autêntico para você, que faz seu coração bater mais forte e você respirar mais fundo.

Meu convite aqui é para que você busque reconhecer quais são os valores que estão por trás daquilo que quer e, assim, entenderá o que move você em uma determinada direção.

Por que você quer o que você quer? E por que abre mão, tantas vezes, daquilo que quer?

Nós, seres humanos, já criticamos e sofremos críticas tantas vezes que se tornou, provavelmente, um hábito. Criticamos a forma de se vestir, criticamos o jeito de agir, a aparência e as escolhas dos demais.

Isso acontece com tanta frequência e tão automaticamente que, culturalmente, já sabemos que a chance de também sermos julgadas pelo outro é enorme. Como eu julgo, provavelmente também serei julgada.

Essa questão é um freio social muito comum. Fazemos o que fazemos mais preocupadas com o que os outros vão pensar do que com as nossas próprias motivações internas. Por isso, compreender e eliminar o medo da crítica e da rejeição é fundamental para quem deseja viver de forma autêntica.

Escolhemos colocar nossas vontades mais genuínas debaixo do tapete, muitas vezes por tempo suficiente para serem esquecidas ou, no mínimo, para perderem o valor que tinham.

O valor, até mesmo dos nossos maiores sonhos, diminui, e lentamente fazemos o mesmo com a gente, como se sentíssemos que nosso valor pessoal também diminuísse conforme diminuem o valor que nossos sonhos têm para nós.

O resultado disso?

Baixa autoestima, sensação de pouca capacidade e de não merecimento.

Somos pensamento, sentimento, ações e resultados, tudo junto e misturado. Compreender isso e organizar essas coisas dentro da gente nos faz criar aqui fora a realidade que queremos viver. Acreditar que essa realidade é possível e que você é merecedora é, como foi falado anteriormente, o primeiro passo.

Agora, vamos dar o segundo?

Alimentar o querer mais grandioso do seu coração é o que fortalecerá nossas crenças de merecimento, capacidade e valorização, e isso fará com que nós cresçamos juntamente aos nossos sonhos.

Eu quero, eu quero, eu quero...

Você já assistiu àquele *reality show* em que um participante tem cinco minutos para correr com um carrinho em uma loja de departamentos, e tudo que ele conseguir colocar no carrinho, dentro desse prazo, ele pode levar para casa de presente?

Então, é basicamente isso que nós vamos fazer agora. Mas, calma, você nem precisa de um carrinho, precisa apenas de uma caneta. Você não terá o prazo limite de cinco minutos, pode usar o tempo que quiser. Aproveite para se divertir enquanto esse processo acontece, procure preencher todas as linhas. Isso fará com que você mergulhe ainda mais profundamente em si mesma e nos desejos do seu coração.

Preencha as listas das próximas páginas com tudo que quiser. Imagine o mundo como uma enorme e abundante loja de departamentos, onde tudo está disponível, e você pode pegar o que quiser.

A única regra é: não censure seu querer. Se você ouvir, em algum momento, uma voz limitante tentando restringir o que você coloca em sua lista, apenas repita: "Eu posso querer tudo que eu quiser!" E continue a escrever.

Das coisas mais simples, que podem até parecer bobas, a princípio, e pequenas, como um brigadeiro, bolo de cenoura, adotar um filhote de cachorro, assistir a um filme repetido numa segunda-feira à tarde abraçada a quem você ama, comer pipoca com manteiga, até aquelas coisas consideradas grandiosas por você, como a casa dos seus sonhos, a viagem para a Disney, aprender uma nova habilidade, ser milionária, ter um helicóptero com um piloto gato, sarado e solteiro, passando até mesmo pelas mais absurdas, como não trabalhar nunca mais na vida, conhecer uma casa de *swing*, beijar um estranho lindo que nunca viu na vida, bem no meio da rua. Não importa o tamanho do desejo, nem mesmo se é possível de se tornar real, nem ao menos se você teria coragem para realizá-lo. Não importa.

A única coisa que importa aqui é você querer e, assim, ir listando livremente e com leveza tudo aquilo que existe no formato de um desejo aí dentro de você. Fique tranquila, não haverá um próximo exercício para você se comprometer a fazer nenhuma dessas coisas. O objetivo aqui é única e exclusivamente tirar o entulho da vida adulta de cima da nossa essência e entrar em contato, profundamente, com os desejos mais bobos, lindos, secretos, grandiosos ou absurdos do seu coração.

Aproveite para observar a energia que se movimenta dentro de você enquanto você faz este exercício. Essa energia é criada simplesmente porque você entrou em contato com essa parte sua, cheia de vontade.

O que eu quero dizer é que você pode criar mais dessa energia sempre que quiser. A energia da força de vontade que você sempre ouviu falar, mas que nem sempre conseguiu colocar em prática, mora exatamente nesse lugar e está sempre disponível para você.

Quando terminar, faça da mesma forma que, ao preparar um bolo, deixa o recheio ao lado para usar em seguida: reserve. Nós voltaremos a elas no próximo capítulo, para fazermos o próximo exercício!

Eu quero ser...

Eu quero ter ...

Eu quero *fazer*...

Querer Autêntico.

Bússola do Propósito

por uma vida de VALOR

Toda escolha que você faz tem um valor por trás.

Imagine que você está em um restaurante, com fome. Imagine também que esse é um restaurante *self service* muito especial, pois ele contém muitas opções para você fazer o seu prato — na verdade, ele contém todas as opções de alimentos que você já experimentou até hoje, e, não é só isso, eles estarão em sua melhor versão dentre todas as que já experimentou. Tudo que você um dia já considerou delicioso está lá. Se um dia você comeu, nem que seja só um pedacinho, estará lá.

A única regra é: você pode comer tudo o que quiser, desde que faça seu prato uma única vez. O que você coloca no prato?

Não continue lendo, até ter respondido, com o máximo de detalhes possível! Seja bem específica. Feito? Está bem! Agora pode continuar...

Quais valores você colocou em seu prato?

Talvez você esteja me corrigindo, nesse momento:

"Eu não coloquei valores, Branca, eu coloquei lasanha verde do Cheesecake Factory; coxinha do Balbec de Uberaba; *filet à parmegiana* do Alemão de Itu; bolinho de arroz que a minha avó fazia; *Dinamite Shrimp* do PFChang; pastelzinho de queijo brie com pera do Botequim da Francisca, lá de Sorocaba; nhoque do La Espezzia de Pomerode; um pouquinho de risoto de lagosta do Felíssimo, lá de Balneário Camboriú!"

Confesso que esse seria, de tudo que já provei nessa vida até aqui, o melhor prato do mundo, por mais que nenhuma nutricionista do mundo concordasse com isso. Também cabe dizer que eu fiquei com água na boca só de descrevê-lo e que eu sei que, talvez, esse mesmo prato não lhe apeteceria nenhum pouco.

Mas, de toda forma, eu lhe perguntaria novamente: quais valores você colocou em seu prato?

Por trás de cada uma das escolhas que você fez sobre o que colocar ou deixar de fora do seu prato, estão valores.

Esses valores foram traduzidos de acordo com aquilo que você tem, hoje, em seu repertório sobre o que é relevante, valioso, importante, conveniente, adequado ou correto. Talvez daqui a um ano, se voltarmos a esse mesmo "*self service* mágico", nosso prato seria muito diferente, porque estaríamos conhecendo mais coisas e priorizando também valores diferentes.

Posso traduzir o meu prato em valores como: exclusividade, prazer imediato, saudade do meu pai e da minha avó, nostalgia, mais prazer, aventura, viagens, novidade, saudades da minha infância, colo, carinho, paixão e liberdade.

Não coloquei, por exemplo, equilíbrio no meu prato (é a festa do carboidrato, reparou?), nem priorizar a saúde (de verde, só a lasanha!), nem mesmo leveza (certamente terei que dormir umas três horas depois de devorá-lo!) e disciplina então? (não tem nem uma pitada!).

Descobrirmos os valores que costumamos usar como filtros para fazermos as escolhas que fazemos revela um bocado sobre nós mesmas: quais são as nossas prioridades, por que escolhemos o que escolhemos, e dá para ir além, descobrindo (ou, pelo menos, tendo uma boa ideia!) de onde chegaremos se continuarmos priorizando esses mesmos valores em cinco ou dez anos.

Claro que não vivemos em um "*self service* mágico" e óbvio que, quando damos de cara com um *buffet* desses, manter a disciplina e o equilíbrio nessa refeição tão especial seria desperdiçar uma oportunidade única na vida. Mas também é preciso lembrar que a vida é abundante em escolhas e que, quando nossos valores nos apontam quais são as "melhores" escolhas disponíveis naquele momento, de acordo com a nossa hierarquia interna de prioridades, automaticamente ignoramos todas as outras. Afinal, passamos a colocar nosso foco no que a nossa hierarquia de valores nos aponta.

Nós fazemos nossas escolhas de acordo com dois fatores principais:

1. **Repertório.** Temos a tendência a reconhecer como disponíveis as opções já conhecidas por nós, assim como repeti-las.

2. **Valores.** Aquelas palavrinhas que estão por trás de cada uma das escolhas que nós fazemos, mesmo quando não temos consciência de que isso acontece e de quais são esses valores.

Quer fazer escolhas melhores? Em primeiro lugar, aumente seu repertório.

Quando falamos de escolhas, é sempre melhor sobrar do que faltar. Expandir suas alternativas é muito melhor que as restringir. Isso não significa que todas as alternativas serão boas, apenas que você terá mais escolhas à disposição.

Lembra-se daquele pressuposto da PNL que diz: "Todo ser humano sempre faz a melhor escolha que tem disponível no momento"? Então, olha ele sendo útil novamente por aqui. Quando ampliamos nossas possibilidades de escolhas, podemos escolher aquela que consideramos a melhor dentre elas, com o nível de consciência que temos até agora.

Em segundo lugar e não menos importante, torne-se cada vez mais autoconsciente. Conheça os seus porquês, ou seja, os valores que estão por trás de cada decisão que você toma, descobrindo o que a motiva a fazer as escolhas que faz.

São eles, os valores, as chaves para você fazer escolhas com mais consciência e também o que lhe permitirá tomar decisões com muito mais autorresponsabilidade e maturidade, de forma alinhada ao seu propósito de vida.

Um Esconde Esconde de Valor

Sabe aquela cobertura que deixamos pronta e reservada para adicionar logo mais ao nosso “bolo do propósito”, as três listas de coisas que queremos ser, ter e fazer, que nós fizemos? Voltaremos a elas agora.

Você já sabe que, por trás de cada coisa que queremos, existe um valor nos motivando a alcançá-la. Então, aproveite agora para olhar um pouco mais atentamente a cada um dos itens que colocou em suas listas.

Refaça as três listas, como se fizesse na próxima página um “decalque” do exercício anterior, mas, em vez de escrever o desejo, assim como escreveu no exercício anterior, escreva o valor que encontra por trás de cada um dos desejos das listas anteriores.

Exemplos:

- Eu quero um carro zero: prosperidade.
- Eu quero saltar de paraquedas: coragem.
- Eu quero encontrar a tampa da minha panela: amor.
- Eu quero ter um milhão de amigos: conexão.

E continue até que cada desejo das listas feitas no exercício anterior tenha, ao menos, um valor correspondente.

Nós não
queremos coisas.

Queremos
VIVER AS EXPERIÊNCIAS
que as coisas
nos
proporcionam.

Lista de valores

- Abundância
- Aceitação
- Acessibilidade
- Acomodação
- Adaptabilidade
- Afeição
- Agilidade
- Agressividade
- Amizade
- Alegria
- Altruísmo
- Ambição
- Amor
- Apoio
- Aprendizagem
- Assertividade
- Astúcia
- Atenção
- Atratividade
- Audácia
- Autenticidade
- Autoconfiança
- Autocontrole
- Autoestima
- Autonomia
- Aventura
- Beleza
- Benevolência
- Bondade
- Bravura
- Brilhantismo
- Calma
- Capricho
- Caridade
- Carinho
- Celebridade
- Chefia
- Clareza
- Coerência
- Compaixão
- Compartilhamento
- Competição
- Compostura
- Compreensão
- Compromisso
- Concentração
- Conexão
- Confiança
- Conformidade
- Conforto
- Congruência
- Conhecimento
- Consciência
- Contentamento
- Continuidade
- Contribuição
- Controle

- Conveniência
- Convicção
- Cooperação
- Coragem
- Cordialidade
- Cortesia
- Credibilidade
- Crescimento
- Criatividade
- Cuidado
- Curiosidade
- Desafio
- Descoberta
- Desejo
- Desenvoltura
- Destreza
- Determinação
- Devoção
- Diferenciação
- Dignidade
- Dinamismo
- Direção
- Disciplina
- Discrição
- Disponibilidade
- Distância
- Diversão
- Diversidade
- Doação
- Domínio
- Economia
- Educação
- Eficácia
- Eficiência
- Elegância
- Empatia
- Encanto
- Encorajamento
- Energia
- Engenho
- Entusiasmo
- Equilíbrio
- Esperança
- Espiritualidade
- Espontaneidade
- Estabilidade
- Estrutura
- Exatidão
- Excelência
- Excitação
- Exclusividade
- Expectativa
- Experiência
- Exploração
- Expressividade
- Extravagância
- Extroversão
- Exuberância
- Fama
- Família
- Fascinação
- Fé
- Felicidade
- Fidelidade
- Filantropia
- Firmeza
- Flexibilidade
- Fluência
- Foco
- Força
- Franqueza
- Garantia

- Generosidade
- Graça
- Gratidão
- Harmonia
- Heroísmo
- Honestidade
- Honra
- Hospitalidade
- Humildade
- Humor
- Ilusão
- Imaginação
- Impacto
- Imparcialidade
- Independência
- Inspiração
- Integridade
- Inteligência
- Intensidade
- Intimidade
- Introversão
- Intuição
- Invenção
- Investigação
- Justiça
- Jovialidade
- Lealdade
- Liberdade
- Limitação
- Limpeza
- Lógica
- Luxo
- Longevidade
- Maturidade
- Meticulosidade
- Mistério
- Modéstia
- Motivação
- Nobreza
- Obediência
- Oportunidade
- Ordem
- Organização
- Orientação
- Originalidade
- Otimismo
- Ousadia
- Paixão
- Paz
- Perfeição
- Perseverança
- Persistência
- Persuasão
- Pertencimento
- Piedade
- Poder
- Pontualidade
- Popularidade
- Potência
- Pragmatismo
- Praticidade
- Prazer
- Precisão
- Presença
- Prevenção
- Privacidade
- Proatividade
- Profissionalismo
- Profundidade
- Prontidão
- Prosperidade
- Proximidade

- Prudência
- Pureza
- Razão
- Realismo
- Realização
- Reconhecimento
- Recreação
- Reflexão
- Relacionamento
- Relaxamento
- Religiosidade
- Resiliência
- Resistência
- Resolução
- Respeito
- Riqueza
- Satisfação
- Saúde
- Segurança
- Sensibilidade
- Sensualidade
- Serenidade
- Sexualidade
- Significado
- Silêncio
- Simpatia
- Simplicidade
- Sinceridade
- Sinergia
- Sociabilidade
- Solidão
- Solidariedade
- Status
- Suavidade
- Sucesso
- Surpresa
- Tranquilidade
- Transparência
- Utilidade
- Valorização
- Velocidade
- Verdade
- Zelo

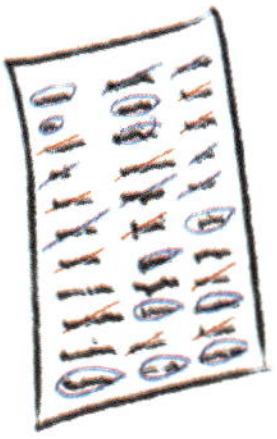

trabalhando com a sua lista de valores.

No capítulo anterior, você viu uma lista com nada menos que 250 valores.

O exercício que vou convidá-la a fazer agora tem o objetivo de aproximá-la, ainda mais, dos significados que cada um desses valores tem para você.

Assim como felicidade, sucesso e realização são nominalizações, lembra? (Palavras que têm significados diferentes para cada um de nós.) Essa lista também é composta de palavras assim.

Dessa forma, vamos experimentar brincar um pouco com essas 250 palavras tão especiais. Faça os exercícios nessa sequência, ok? Isso é bem importante, pois, para que possamos chegar aonde estaremos logo mais, precisaremos fazer algumas paradas em pontos turísticos imperdíveis no caminho. Bom passeio!

1. Leia, um a um, os valores da lista, de preferência em voz alta e com calma, e observe o que acontece com você quando faz isso. Todo pensamento tem um sentimento associado, lembra? Então, procure identificar o sentimento ao qual você associa a palavra lida. Não precisa dar nome ao sentimento, apenas sinta-o.

Feito? Ótimo, agora vamos a uma parte mais ativa do exercício.

Pegue sua caneta!

2. Risque os valores que não são relevantes para você, que não lhe interessam ou que você sente que não precisa deles para criar a vida que você quer viver ou, ainda, aqueles com os quais você não “simpatiza”. Como quem escolhe itens num supermercado, risque aqueles que você não “quer levar para casa com você”!

3. Lendo apenas os valores que você ainda não riscou, comece a riscar também aqueles que não têm a ver com quem você é, aqueles que não soam autênticos ou importantes, ou seja, aqueles com os quais você não se identifica: "São ótimos, mas não têm a ver comigo!"

4. Agora, dentre os que ainda não foram riscados, risque aqueles que já são óbvios para você, aqueles que você transborda naturalmente, que já estão automaticamente presentes na sua vida. Por exemplo, se você é uma pessoa super-honesta, que costuma dizer a verdade mesmo nas situações mais difíceis, pode riscar honestidade, mesmo achando essa palavra tão linda e importante! Da mesma forma que, se você é aquela pessoa com "mania de organização", que mantém tudo sempre muito bem arrumadinho, pode riscar organização também, sem dó. Risque bons valores, mas dos quais você não precisa, porque já os tem de sobra!

Agora, o jogo é diferente:

5. Dos que sobraram, circule aqueles que você sente que a presença deles é muito necessária para você criar a vida que quer viver.

6. Circule também os que você não tem e sente que precisa incluir, adicionar ou desenvolver no seu comportamento.

7. Circule ainda os seus queridinhos. Aqueles pelos quais, toda vez que passou os olhos durante o exercício, sentiu um "amorzinho" especial!

8. Por último circule aqueles que você imagina que a fariam viver uma vida "foda". Não uma vida boa apenas, falo de uma vida incrível, *extra*ordinária. Uma vida do tipo que realmente vale a pena ser vivida.

Pronto? Então, agora, "segura o tcham", que a gente vai voltar, logo após o próximo capítulo, aos valores que foram circulados por você!

Só quem tem coragem vive de propósito

Sobre viver

Meu pai, João Barão, era músico.

A distância entre o sonho que tinha de viver tocando contrabaixo e seu destino previamente traçado no posto herdado na fábrica de sapatos da família era enorme.

Ele contava que, quando adolescente, fugia da fábrica onde foi colocado para trabalhar junto com os pais e irmãos, desde os 13 anos, para subir no telhado, onde deixava seu violão bem escondido para poder tocá-lo.

Apenas lá em cima ele poderia tocar a sua música em paz. Ele sabia que, para poder subir no palco, teria que frustrar muita gente.

Primeiramente, seus pais e seus irmãos, já que ser a pessoa que interrompe o rumo da "história natural" nunca é uma tarefa fácil. Depois, também precisaria frustrar minha mãe, já que, para ser o homem que vive de música e trabalha à noite, também precisaria romper a crença de que "Deus ajuda quem cedo madruga", dentre tantas outras que fazem questão de colocar o trabalho em um lugar de esforço e sofrimento, enquanto o prazer ficaria reservado apenas para os finais de semana.

Quem quer frustrar um total de 100% das pessoas que ama? Ninguém.

Acontece que, aos 23 anos de idade, ele infartou. Não sofreu um infarte apenas, mas quatro. Por uma sorte — também conhecida como um médico competente, Dr. Adib Jatene, que estava disposto a operá-lo enquanto outros se negaram —, ele sobreviveu, contrariando todas as expectativas.

Acredito que, quando tudo parece dar errado e vemos o fim da linha bem próximo, quando não temos mais nada a perder, é que criamos coragem para viver de verdade, com todo o significado que a expressão “viver de verdade” tem para nós.

Assim, meu pai, um homem jovem, recém-casado, com a esposa grávida da primeira filha (eu, no caso!), tomou a decisão mais importante da sua dele: não voltaria mais à vida anterior. Caso sobrevivesse, escreveria uma nova história para si mesmo, uma história que valeria a pena. Criaria coragem para assumir aquele que considerava ser o seu lugar no mundo: o palco.

Meu pai tinha conseguido. Uniu lindamente coisas que, para muitos de nós, ainda parecem ser incompatíveis: sustentar uma família enquanto fazia o que o realizava, acordar às onze da manhã e trabalhar aos sábados, domingos, feriados e carnavais. Ele trabalhava na noite de ano-novo, fazendo o que amava, participando da festa e vendo tudo pelo melhor ângulo do salão, e ainda ganhava, para isso, um cachê multiplicado por três.

Ele morreu aos 46 anos, 23 anos depois. Claro que 46 anos é muito cedo para morrer. Mas, ainda assim, ele tinha dobrado sua expectativa de vida.

Gosto de pensar que ele viveu duas vidas de 23 anos cada, e que, na vida nova que ganhou de presente aos 23, viveu uma vida que verdadeiramente valia a pena. Ele nunca chegou a me dizer isso, mas dava para ver em seus olhos, a cada fita k7 que gravava com novas músicas para o ensaio da banda, antes de cada *show*, quando colocava seu uniforme branco e dourado, e principalmente no palco, em cada acorde que fazia, em cada batidinha do pé no chão ou balançadinha de cabeça que acompanhava o ritmo da música que estava tocando.

Ele morreu no palco, de outro infarte, dessa vez, fulminante. Ele foi, por tudo isso, o professor que me ensinou que uma boa profissão é aquela que o abraça com todos os seus talentos, toda a sua autenticidade, todo o seu potencial, que desafia você e que lhe permite ser tudo que você pode ser, além de realizá-la e lhe permitir viver uma vida feliz enquanto paga seus boletos.

Ele também foi quem me ensinou que viver é como subir no palco da vida para tocar a sua sinfonia, fazendo da vida a composição da sua própria melodia.

Pai, fiz música das próximas páginas, para homenagear você.

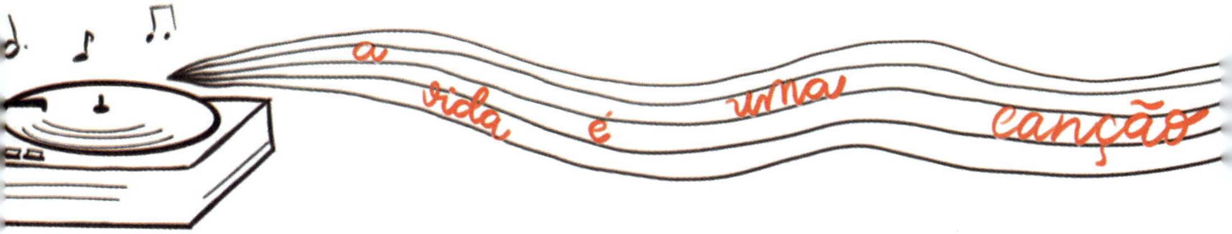

Minha mãe adorava dar sermão.

O problema é que o estilo de sermão que minha mãe dava era do tipo “infinito”.

O sermão infinito funciona mais ou menos assim: a pessoa fala, fala, fala mais um pouco e, quando você acha que vai acabar, ela volta ao início e repete tudo outra vez.

Quando o sermão finalmente terminava, a cena geralmente era mais ou menos assim: eu na cama chorando e pensando em um plano para fugir de casa, meu pai me consolando e me convencendo a não fazer isso.

Meu pai fazia da música a metáfora perfeita para solucionar praticamente todos os problemas. Lembro-me dele dizendo: “Sua mãe é assim mesmo, você tem que aprender a dançar conforme a música”.

Dançar conforme a música é, sem dúvidas, um aprendizado importante. Para “dançar conforme a música”, você só precisa ouvir a música que está tocando e dançar ao ritmo dela.

Quando falamos de eventos sociais, é perfeito. Se, no casamento em que você estiver, tocar valsa, dance valsa, simples — a não ser que você tenha a intenção de viralizar um vídeo que gravarem de você dançando *funk* enquanto toca valsa, senão melhor dançar valsa mesmo. Se estiver tocando forró, também não vai rolar dançar *ballet* clássico. Se for carnaval, aí, ótimo, pode sambar à vontade.

Entretanto, quando "dançar" é uma metáfora para a forma que vivemos e "música" representa, por sua vez, o ritmo, a melodia e a harmonia da nossa própria vida, isso até pode funcionar bem durante algum tempo, em algumas fases da vida. Mas, quando decidimos dar à vida a direção que nós mesmas queremos, será preciso parar de dançar conforme a música que os outros ou que a vida toca, para compormos nossa própria música.

Uma vida intencional, consciente, de propósito, depende: de você ser, ao mesmo tempo, compositora, musicista, cantora e dançarina; de você subir no palco e apresentar, sem ensaiar, a sua própria sinfonia; de você ter, cada vez mais, clareza do ritmo, da melodia e dos acordes que fazem da sua música uma vida em harmonia.

ser feliz é questão de afinação

Certa vez, eu estava jantando em um restaurante mexicano em Campinas, com um amigo, João Carlos Messias. Estávamos falando sobre felicidade e a angústia que sentimos em alguns momentos da vida por não sabermos se somos realmente felizes ou não.

A infelicidade pode ser facilmente confundida com ambição, com vontade de viver uma aventura, experimentar algo novo, com desacomodação ou inquietação. Você sente que a novidade está chamando, se sente entediada com a rotina, quer algo mais da vida e se pergunta: "Será que estou realmente infeliz ou apenas com 'siricutico' para experimentar coisas diferentes?"

Pode ser que o próximo nível esteja chamando você, e isso não tem nada a ver com infelicidade. Por isso, é bem importante que a gente saiba identificar a diferença. Dessa forma, não faremos daquela frase famosa, "Eu era feliz e não sabia", realidade para nós. Também não abriremos mão de coisas importantes e valiosas simplesmente porque estamos querendo experimentar algo novo, seja um trabalho ou um relacionamento. Entretanto, também precisamos reconhecer quando estamos infelizes e quando a vida que estamos vivendo pede mudanças urgentes.

Esse era o assunto na mesa naquela noite, e, nesse ponto da conversa, o João me disse algo que jamais vou esquecer: "A felicidade é como afinar um violão. Já afinou um violão? Se você tem dúvida de que ele está afinado é porque ele não está!

Quando estiver, você terá certeza. Com a felicidade é a mesma coisa, se você tem dúvidas, você não está!”

Eu não podia deixar de citá-lo aqui. Esse aprendizado, além de tornar muito mais simples um tema tão complexo quanto a felicidade, também pode servir de ferramenta prática que nos mantém conectadas à nossa intuição e conscientes do nível de felicidade que experimentamos a cada momento, em relação a nós mesmas e à vida que estamos criando para nós.

A felicidade é algo tão subjetivo que deixar de analisá-la com uma percepção concreta e quantitativa, transformando-a em uma sensação a ser experimentada e observada em nós mesmas, é, no mínimo, brilhante, além de ser um bom atalho para diminuir a distância na busca por autoconhecimento.

A afinação é a sensação de que aquele som está encaixando bem em nossos ouvidos, assim como no som que as demais cordas do violão fazem. Dessa forma, podemos dedilhar, compor acordes, e o som que faremos estará em harmonia.

Segundo a psicologia positiva, felicidade é uma sensação de bem-estar em relação à vida. Felicidade é sentir que a vida que estamos vivemos está em harmonia, afinada com aquilo que a gente é e com o que a gente quer.

A-COR-DE...

Na música, um acorde é um conjunto de três ou mais notas musicais que se ouvem simultaneamente. Elas combinam entre si, e, se você prestar atenção a um acorde, ele transmite uma sensação. Alguns deixam a música alegre; outros, tensa ou triste. As notas de um acorde podem ser tocadas juntas, separadas ou em sequência.

Na vida, acorde é sinônimo de desperte. Estar acordada é estar atenta, presente. Fazer as coisas com presença, consciência e intenção.

Para acordar, você não precisa estar dormindo, como nos ensinou a linda da Ana Maria Braga com seu "Acorda, menina!", você pode apenas estar distraída. É preciso estar acordada para não deixar as coisas importantes passarem bem na sua frente e você nem perceber, para não perder oportunidades.

Olhando bem para a palavra A-COR-DE, também podemos ver uma pequena frase escondida nela: Dê a cor! *Acorde* pode ser compreendido também como um convite para você colorir a vida, à sua própria maneira, com as cores que quiser e achar que combinam, deixando a vida mais bonita. Escolher é A-COR-DAR!

Ela vem do latim *cor*, "coração". O que era feito *ad cordis* era um "acordo", algo harmonioso como certos conjuntos de notas musicais. Por esse ponto de vista, vivemos uma vida em ACORDE quando cumprimos o combinado que fizemos com a gente mesma.

Dessa forma, viveremos acordadas com nosso propósito. Pense em propósito como sendo o acordo que fazemos com nós mesmas para que possamos viver a vida que desejamos.

Se pensarmos em *valores* como sendo *acordes* que compõem nossas escolhas, uma vida em harmonia seria alcançada pela utilização consciente desses acordes para compormos a vida que queremos.

Assim, podemos escolher aqueles que criarão justamente a melodia que queremos viver e que nos mantêm afinadas aos nossos próprios significados de felicidade, sucesso e realização, vivendo em harmonia.

Os Quatro acordes

Existem infinitas músicas que podem ser tocadas com apenas quatro acordes. Há algum tempo, um vídeo ficou famoso porque alguns rapazes tocavam apenas os mesmos quatro acordes, em uma mesma sequência, enquanto mudavam apenas a melodia e, assim, mudavam a música que estavam tocando, em um divertido movimento, como se fosse mágica. Se pesquisar "Os quatro acordes" no YouTube, encontrará não apenas um, mas diversos vídeos assim.

É divertido e surpreendente descobrir o que você poderá fazer com um violão se aprender a tocar apenas quatro acordes.

Com a vida, é a mesma coisa. Se você selecionar bem os seus quatro acordes, poderá compor infinitas melodias enquanto repete os mesmos quatro acordes em uma mesma e infinita sequência.

Mas, preste atenção, os quatro acordes que fazem com que eu sinta a minha vida fluindo na direção que me faz feliz, provavelmente, não têm nada a ver com os quatro acordes que a levam a viver a sua vida de forma plena.

Esse é o desafio aqui.

Somos diferentes. Nossas prioridades são outras. O que me faz feliz não vai fazer você feliz da mesma forma, assim como temos extensões vocais diferentes, e os quatro acordes que me fariam cantar uma canção afinada fariam você se "esgoelar" e vice-versa.

Cada uma de nós precisa encontrar seu melhor tom. Assim, cantar se tornará, para você, ao mesmo tempo, um desafio e uma experiência boa, confortável e desafiadora, que também lhe permita apreciar o resultado.

Seus quatro acordes só servem para você fazer a sua própria música. São exclusivos, únicos, precisam ser descobertos e validados por você, por mais ninguém.

Definir quais são os seus quatro acordes pode parecer uma tarefa bem complexa, mas, calma, porque eu tenho uma surpresa para você! Está preparada?

Sabe toda aquela sequência de exercícios que fizemos em nossa lista de valores? Então, só falta mais um passo para que você descubra os seus quatro acordes.

Os quatro acordes são quatro valores que irão ajudá-la, dia após dia, a compor a sua própria música, levando-a a viver uma vida em harmonia.

Ter consciência de quais são os quatro valores que lhe permitem viver com afinação e convicção de que está na direção certa é, até agora, o passo mais importante para fazer da sua vida uma experiência plena de felicidade, realização e sucesso.

É o que faz você completar a travessia da ponte do propósito e começar a experimentar, finalmente, a sua vida do outro lado.

E se você, por acaso, resolveu pular os passos do exercício "Por uma vida de valor", esta é uma excelente oportunidade de retomá-lo e completá-lo.

Quando estiver pronta, pode pegar o seu violão, ou melhor, pode virar a página: a trilha sonora da sua própria felicidade está prestes a ser tocada por você.

uma vida em harmonia

Temos aqui quatro espaços, cada um deles representando um "tema".

Após ler e compreender o que cada tema significa, você deverá copiar cada um dos valores que foram circulados por você, no exercício anterior, no espaço do tema que considerar que ele "afina" melhor!

Pode ficar mais fácil se você experimentar completar as frases sugeridas nos temas abaixo com cada um deles e, assim, checar com "o ouvido da sua intuição" lhe dizer se afinam ou não.

Não se preocupe se está "certo" ou "errado". A vida não se trata de estar certa ou errada, e sim de sentir que encaixou, que está afinada!

Se você sentir que está afinada, então está certo! Use a sabedoria do seu coração.

Vamos a eles:

I. **Valor-base**

É a base da construção da vida que você quer viver.

- Para valer a pena sair da cama de manhã, minha vida precisa ter...
- Para eu considerar que uma relação é boa e querer permanecer nela, não pode faltar...
- Uma vida sem ... não faz sentido.

Este valor é aquele que pode até parecer óbvio, mas que você precisa se lembrar dele com frequência, senão a sua vida vira uma bagunça.

II. Valor essencial

É o valor que traduz, em uma única palavra, a sua essência.

Se fôssemos "resumir você" em um único valor, qual seria?

- Eu sou eu mesma quando transbordo...

Ou ainda:

- As pessoas costumam dizer que eu sou tão...

III. Valor da presença

Um valor, escolhido a dedo, para conectá-la com o momento presente, que lhe permite ser feliz e desfrutar agora.

- Para que eu possa criar felicidade e desfrutar a minha vida agora, vou precisar de uma boa dose de...
- Desfruto do momento presente quando adiciono...

IV. Valor resultante

O valor que fará sua vida ser abundante e você experimentar sucesso.

- Sei que tenho sucesso quando experimento...
- Sinto que vivo plenamente quando alcanço...
- Eu quero fazer da minha vida uma plena experiência de...

I Valor base

II Valor essencial

III Valor da presença

IV Valor resultante

Está feito? Ótimo, agora eu tenho uma "missão impossível" para você.

Escolha um único valor para cada tema. Dê preferência àquele que considera ser "maior" que os demais.

O valor que você escolher deverá conter os demais, de acordo com o significado que você dá a eles.

Por exemplo: se em um dos conjuntos eu tenho: diversão, alegria, leveza e liberdade, eu ficaria com "liberdade", pois, para mim, em meu significado individual, liberdade contém diversão, leveza e alegria.

A seguir, haverá um espaço todo especial para você escrever, em letras grandes e lindas, cada um dos seus quatro acordes.

Mas não se esqueça de escrevê-los na mesma sequência que foi mostrada a você:

- Valor-base;
- Valor essencial;
- Valor da presença;
- Valor resultante.

Acorde 1:

Acorde 2:

Acorde 3:

Acorde 4:

acorde em Si maior

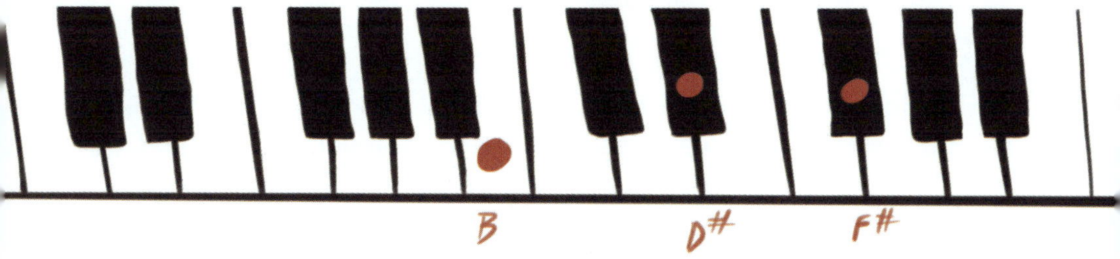

Não sei se você conhece a história das “Peneiras de comunicação de Sócrates”. De toda forma, vou contá-la.

Um discípulo de Sócrates chegou até ele e disse que precisava contar algo sobre alguém.

Sócrates ergueu os olhos do livro que estava lendo e perguntou:

— O que você vai me contar já passou pelas três peneiras da comunicação?

— Que três peneiras da comunicação? — perguntou o discípulo.

Sócrates, então, explicou:

— Para decidir se algo deve ser dito ou não, você deve, antes, passar o que irá dizer pelas três peneiras da comunicação. A primeira peneira é a da VERDADE. O que você quer me contar é um fato? Você verificou na fonte se é realmente verdade o que vai me dizer? Caso tenha apenas ouvido falar e não tenha certeza de que é verdade, não me conte. Sendo verdade, passe, então, o que deseja me contar pela segunda peneira: a da NECESSIDADE. Eu preciso saber disso? O fato de eu saber vai resolver alguma coisa? Ajudará alguém? Ensinará alguma coisa? Se considerar que é mesmo necessário, então me conte, mas não sem antes passar pela terceira peneira: a da BONDADE.

E o discípulo finalizou:

— Deixa quieto então! (Ou algo parecido.)

Essa história pode ser apenas uma metáfora, mas é uma boa história para me ajudar a explicar direitinho a função e como utilizar bem os seus "quatro acordes".

Esses valores são filtros que você pode usar para tomar decisões mais precisas, conscientes e direcionadas. Funcionam como uma hierarquia de critérios que, quando utilizados como filtros para fazer as suas escolhas, a apoiarão a protagonizar escolhas cada mais sábias e direcionadas a construir o futuro que você deseja.

Quanto estiver perante qualquer bifurcação da vida, desde as menores, como "Qual o sabor do picolé que eu vou tomar hoje?", até as mais complexas, como "Caso ou compro uma bicicleta?", pare um pouco e filtre cada uma dessas escolhas com os seus quatro valores. Certamente saberá qual delas estará mais afinada com a sua vida.

Faça isso em cada decisão que tomar, observe as consequências, repita o que funcionou, aprenda com o que não funcionou, faça ainda melhor da próxima vez.

Já aconteceu com você de tomar uma decisão e, pouco tempo depois, se arrepender? Talvez ainda tenha contado a alguém, dizendo algo mais ou menos assim: "Quando eu cai em mim, vi a besteira que eu tinha feito."

Utilizar os valores descobertos por você como filtros para fazer as suas escolhas é a mesma coisa que tomar consciência de que há uma escolha a ser feita e cair em si antes de fazê-la.

Você terá, a partir de agora, a oportunidade de fazer suas escolhas com muito mais consciência, mais presença, mais liberdade e mais maturidade. Nem preciso dizer que, dessa forma, você vai se arrepender muito menos das escolhas que fizer, né?

Viver plenamente para morrer em paz

Uma das perguntas que as pessoas mais me fazem quando me conhecem é sobre o porquê de eu me chamar Branca. Meu nome foi uma homenagem à minha avó materna. Minha mãe conta que era para eu me chamar Mariana, mas, na época, sei lá se por cultura, tradição ou legislação, era o pai ou os avós quem registrava o recém-nascido enquanto a mãe ainda estava na maternidade.

Meu pai foi ao cartório com essa missão. Acontece que, no caminho, teve uma ideia brilhante: homenagear a minha avó, a sogra dele, dando o nome dela à primeira neta. Não era uma simples homenagem. Ele tinha todo um plano mirabolante por trás.

Minha avó, nessa época, era casada com um marido milionário, e meu pai pensou que, se ela ficasse muito feliz, poderia financiar os instrumentos e equipamentos para que, assim, ele pudesse montar a banda com que ele sonhava.

O plano deu certo. Minha avó ficou tão feliz com a homenagem, mas tão feliz, que não apenas deu o dinheiro para ele montar a banda que ele tanto queria como também foi pessoalmente para Miami, nos EUA, comprar todo o equipamento e ainda fez a estreia da banda no apartamento chique em que ela morava em um bairro nobre da capital de São Paulo.

Essa é a história por trás do meu nome.

Agora, vou contar mais alguns capítulos da história da minha avó, Branca, e você já vai entender aonde eu quero chegar.

Minha avó, Branca, nasceu há 90 anos. Foi mãe solteira há 70 anos. Se hoje ainda existe um desafio enorme em ser mãe solo, imagine na época! Só para você ter uma ideia, a minha mãe foi "convidada a se retirar" da escola de freiras em que estudava por ser "filha de mãe solteira". Minha avó não aceitou, foi na escola e, como ela costumava dizer, "rodou a baiana". A escola voltou atrás, minha mãe continuou estudando lá, porque as regras mudaram graças à minha vó.

Minha avó tinha mudado o mundo um pouquinho.

Ela foi empreendedora há 65 anos. Se atualmente empreender é um desafio tão grande, imagine na época!

Ela montou uma loja de roupas femininas extravagantes, curtas e brilhantes, chamada "Boutique Transas". Um nome bem escandaloso para uma fachada em 1956. A loja ficava na rua Augusta, em São Paulo, e eu vou deixar que você deduza, sozinha, o público principal da loja. Não sei se você sabe, mas a rua Augusta já era famosa, naquela época, pela permanência das meninas que trabalham à noite, com eventos. Meninas que se tornaram as melhores amigas da minha vó.

A família, os amigos e a vizinhança a julgavam: "Vixe, a Branquita deu pra andar com p*** agora?" Minha vó dizia: "Ah, parem de chiliques! As meninas são ótimas, divertidíssimas! Além de honestas, eu vendo fiado pra elas, anoto na caderneta, e no dia certinho elas me pagam. Melhor que muita dondoca que adora me dar cheque sem fundo enquanto ostentam um Corcel zerinho por aí."

Minha avó tinha mudando o mundo mais um pouquinho.

Ela se apaixonou há 60 anos por um homem 35 anos mais velho que ela. Milionário. Aquele mesmo da história que contei sobre meu nome e a banda do meu pai.

A família, as amigas e os vizinhos a julgavam: “Vê se pode uma coisa dessas! A Branquita, agora, arrumou um velho para dar o golpe do baú. Não toma juízo mesmo, essa mulher!” Minha vó, então, dizia: “Querem falar de mim? Podem falar! Enquanto vocês estão aí, cuidando da minha vida, eu estou dando a volta ao mundo ao lado do amor da minha vida.”

Minha avó mudou o mundo mais uma vez.

Ficou viúva há 45 anos. Herdou uma fortuna. A família e as amigas, dessa vez, suspiraram aliviadas: “Ah, agora a Branquita vai ficar bem! Finalmente! Cheia da grana, terá estabilidade, poderá viver confortavelmente pelo resto da vida.”

Mas minha avó não queria viver confortavelmente. Ela queria viver plenamente.

Assim, pegou a grana que recebeu e foi embora para Las Vegas. Sumiu por dois anos inteirinhos. Ninguém sabe o que ela fez durante esse tempo. Era um assunto proibido na família. Todo mundo falava disso enquanto todos fingiam que ninguém falava nada. Um belo dia, apareceu, como se nada tivesse acontecido. Estava pobre — me lembro bem dessa parte, de ela conversando com a minha mãe na cozinha e contando que não tinha mais nenhum cruzeiro. Também me lembro de minha mãe e minha madrinha conversando na sala: “Ela viciou em jogo, coitada. Perdeu tudo!”

Recomeçou do zero no Brasil vendendo os perfumes e as roupas que trouxe da viagem para suas amigas da rua Augusta, que a ajudaram, inclusive, a recomeçar.

Depois disso, se inscreveu e ganhou um concurso de Miss, criou sua própria marca de cerveja feita a partir da fermentação da banana em seu próprio quintal, até que se apaixonou de novo, há 45 anos, dessa vez por um homem 25 anos mais jovem que ela.

A família, as amigas, conhecidas e as vizinhas falavam: "Gente, a Branquita pirou de vez! Agora arrumou um garotão! Onde será que isso vai parar? Quando ela vai sossegar?"

E esse papo se repetiu, até o dia em que minha avó resolveu interromper toda e qualquer pessoa que ela percebia que estava julgando a história dela enquanto ela a escrevia, censurando suas escolhas e a vida que levava: "Vamos fazer um combinado? Vai funcionar assim: você para de me julgar e, em contrapartida, eu te dou o direito de não chorar no meu velório!"

E ela continuava: "Quando eu morrer, não terá nenhum motivo para vocês chorarem. Eu vivi exatamente a vida que eu quis. Trabalhei com o que quis. Me casei com quem eu quis. Me separei quando não estava feliz. Ganhei dinheiro e perdi dinheiro. Viajei o mundo ao lado do grande amor da minha vida. Experimentei o mundo e vivi plenamente. Então, deixa eu aproveitar o tempo que eu ainda tenho por aqui, enquanto vocês estão aí, deixando a vida de vocês de lado pra cuidar da minha!"

O assunto, a partir daí, era outro: "Você acha? Branquita disse que não quer ninguém chorando no velório dela, que ela viveu tão plenamente e fez tudo que quis da vida dela, que a gente nem precisa chorar. Imagine um negócio desses, não chorar no velório? Onde já se viu!"

E foi assim que a minha avó, dessa vez, mudou o meu mundo!

Eu, mesmo sendo criança, entendia perfeitamente o que ela dizia. Enquanto as crianças da minha idade conversavam sobre o que queriam ser quando crescessem e diziam que seriam médicos, engenheiros ou advogados, eu costumava dizer: "Uhm... Eu quero viver uma vida em que ninguém precise chorar no meu velório!" Claro, elas não entendiam e, na maioria das vezes, nem davam atenção à minha resposta.

Mas eu entendia. E tem coisas nessa vida que quando a gente passa a compreender a partir de um lugar mais profundo, não apenas na mente, mas em nosso coração, nada mais tira de dentro da gente, pois esse aprendizado se torna parte de quem somos.

Minha avó faleceu há 30 anos.

No velório, tinha cantora cantando músicas em homenagem a ela. Tinha amigas fazendo discursos, e, por todos os lados, se viam grupos contando as histórias dela: "Lembra quando a Branquita torrou toda a fortuna em Vegas? E quando a Branquita foi trabalhar de governanta na casa de uma família de milionários nos Estados Unidos? E aquela época em que a Branquita trazia muamba de Miami pra vender pra nós?"

Ela continuava viva nessas histórias.

E se ao menos uma dessas histórias fizesse alguém, mesmo que só por um instante, sair da fôrma, romper a normose, se tornar mais consciente da vida que queria viver e do que precisava fazer para vivê-la, ela se tornaria eterna.

Nosso medo intrínseco de morrer nos faz querer deixar um legado. Escrevemos livros, damos palestras, impomos nossas verdades e pagamos seguro de vida. Tudo na esperança de que algo permaneça aqui quando nós não estivermos mais.

Hoje sei que se alguém contar uma história sobre a pessoa que você foi e a forma como escolheu viver a sua vida, e, por causa dela, um único ser humano decidir dar um novo desfecho para a própria história, você terá se tornado eterna.

Descobrindo o seu propósito

Imagine que você é hoje uma mulher com 103 anos de idade. Imagine também que, desde que ficou viúva, há um ano, você mora sozinha, feliz e em paz, num apartamento superdescolado. Uma notificação do Tinder chega ao seu celular e avisa que "deu *match*". Você está escolhendo um filme para assistir e decide levantar para buscar uma cerveja gelada. Você vai caminhando com seu andador, bem devagarinho, até a cozinha. Quando faz força para puxar a porta da geladeira, sente que algo muito errado está acontecendo: um infarte se aproxima.

Obs.: eu sempre imagino que, para quem está tão velhinho assim, tudo deve acontecer praticamente em câmera lenta e, assim, daria tempo não apenas de sentir que um infarte fulminante está chegando, mas também para saber que a vida está acabando.

Imagino que ainda teríamos alguns segundos de consciência, que seriam suficientes para constatar que:

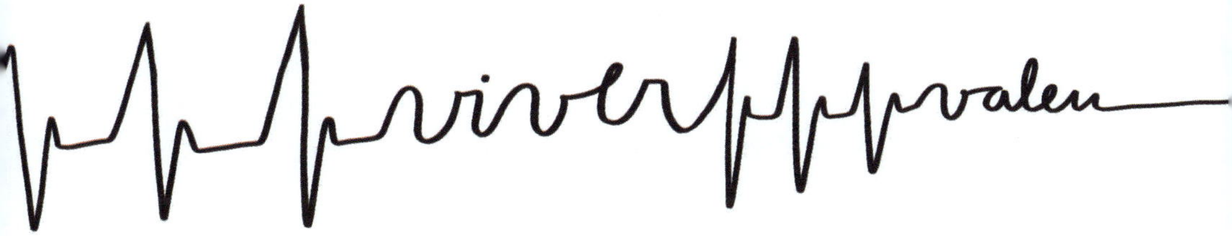

Eu sei que essa história é uma tremenda "viagem", já que a morte deve ser algo muito mais súbito que isso. Também sei que essa senhorinha do meu exemplo foi idealizada por mim como a visão que eu tenho de mim mesma daqui há algumas décadas. Eu tinha colocado alguns cães na história quando a escrevi. Depois, editando o texto, eu retirei os cachorros — como escritora que sou, eu sabia o fim da história que estava escrevendo e não queria deixar os pobres cachorrinhos órfãos. Eu queria imaginar a velhinha mais descolada, leve, divertida e feliz possível, apesar da idade tão avançada. Eu queria imaginar alguém que viveu longa e plenamente, e essa velhinha foi a imagem que me ocorreu.

Escrevi com a clara intenção de que você pudesse se imaginar lá no futuro, com uma idade parecida com a dessa senhorinha, vendo o fim se aproximar e entendendo que é tarde demais para perceber que viver não valeu porque você passou a vida tentando agradar aos outros enquanto deixava os próprios sonhos para depois ou para constatar que a música "Epitáfio", dos Titãs, descreve bem a trilha sonora desse momento tão drástico:

"Devia ter amado mais, ter chorado mais, ter visto o sol nascer. Devia ter arriscado mais e até errado mais, ter feito o que eu queria fazer."

Mas agora é tarde, porque o tal infarte é iminente, e, mesmo que não fosse, você não tem mais a mesma energia, disposição e condição de realizar os sonhos que deixou para trás como se fosse durar para sempre.

Não adianta nada pensar nisso lá na frente. Só o agora é real. Acreditar que o futuro é o lugar onde mora a sua felicidade é um golpe que sua mente dá para que você possa deixar tudo que é importante, relevante e valioso para si mesma para depois. Se existe algo urgente de se fazer nessa vida, agora mesmo, é trazer o "Valeu viver", lá do final da nossa história, para pensarmos nele agora mesmo.

Para que eu possa experimentar uma vida que valha a pena, o que preciso fazer agora?

Branquita viveu uma plena experiência de liberdade. E você? Qual o valor que abraça a vida que você quer viver, para ter certeza de que viver valerá a pena?

Qual é o valor que abraça os quatro valores já escolhidos por você até agora, como se os resumisse?

Se você pudesse resumir a vida que você quer viver em uma única palavra, qual seria essa palavra?

Apenas complete:

Eu quero fazer da minha vida uma plena experiência de... (Adicione seu valor aqui!)

Pode tentar com vários deles, até sentir que "afinou" e poder ver a harmonia da vida acontecendo como mágica aí dentro de você.

Agora, traga para o presente:

EU FAÇO DA MINHA VIDA UMA PLENA EXPERIÊNCIA DE...

____

____

E *voilà*! Temos aqui um PROPÓSITO para chamar de seu. A sua própria fórmula da felicidade, que a coloca em seu devido lugar: a protagonista da sua própria história.

EU — E quem mais poderia ser?

Você mesma é quem terá que assumir o seu lugar no mundo e as rédeas de cada resultado e do seu próprio processo de amadurecimento, autoconhecimento e evolução.

FAÇO — Viver de propósito é ação no presente.

Não é uma sorte nem um acaso, muito menos algo a ser feito algum dia. Uma vida de propósito é aquela que experimentamos quando paramos de esperar que a vida que queremos aconteça e passamos a criar a vida que queremos viver, diariamente, em cada pequena decisão que tomamos.

DA MINHA VIDA — Vai cuidar da sua vida, menina!

Deixe a vida dos outros, as escolhas dos outros, tudo aquilo que você não controla e vive estressando-a, as decisões que não dependem de você e todo o resto para lá.

UMA PLENA EXPERIÊNCIA — A vida foi feita para ser plena, grandiosa, abundante, próspera, intensa e maravilhosa ou nada.

Você chegou até aqui, então, tanto eu quanto você sabemos que você quer muito mais do que a vida que tem hoje. E já que viver uma vida mais ou menos ou uma vida extraordinária dará o mesmo trabalho... Que a vida seja EXTRAORDINÁRIA!

DE (VALOR ESCOLHIDO POR VOCÊ") — O seu propósito exclusivo, único, só seu e de mais ninguém. O que faz sua vida fazer sentido e lhe dá o norte que sempre buscou. Que a coloca na direção do seu próprio significado de realização, sucesso e felicidade e lhe permite viver uma vida que vale a pena, a cada segundo, de agora em diante, consciente de quem você é e do que você quer.

Fazendo da minha vida a manifestação do meu

Recebemos milhares de estímulos, o tempo todo, do mundo em que vivemos. Se pudéssemos perceber todos eles, ficaríamos malucas. Assim, sabiamente, nosso sistema nervoso sensorial, aquele que é o responsável por captar e perceber, através dos nossos sentidos, os estímulos do meio em que vivemos, escolhe quais estímulos vai considerar e quais vai ignorar.

Nossos sentidos não apenas escolhem quais estímulos percebemos, mas também os traduzem, do mundo físico para o reino da mente, no qual interpretamos a informação e criamos a nossa percepção do mundo que nos rodeia.

Todos os estímulos que recebemos e escolhemos considerar, nós também filtramos, generalizando-os e distorcendo-os pouco. Assim, vamos encaixando o que o mundo nos oferece à nossa experiência de vida.

Acontece que, como estamos sempre eliminando uma grande quantidade de estímulos, acabamos escolhendo ficar com aqueles que combinam com as crenças que temos dentro de nós sobre todos os temas da vida. O nome disso é viés de confirmação. Ficamos com a parte da informação que combina com o que queremos ou acreditamos e ignoramos aquilo que não combina.

Na sua experiência, até agora, com este livro, você teve a oportunidade de rever algumas crenças e também de adquirir novos e melhores filtros para fazer as suas escolhas futuras.

O meu convite é para que você procure observar conscientemente os estímulos que chegam até você a partir de agora e que comece, pouco a pouco, a escolher aqueles que a façam bem, a deixem de bom humor, que representem uma oportunidade de tornar a sua vida mais leve, e principalmente que você veja cada estímulo percebido por você como uma oportunidade de manifestar a sua afirmação de propósito, utilizando o que acontece fora de você como oportunidade.

Essa é a forma com que deixamos de ser vítimas daquilo que nos acontece e nos tornamos criadoras da vida que queremos viver.

A maior parte da vida não está sob o nosso controle, já sabemos disso. Entretanto, a parte que está é o suficiente para vivermos uma vida sensacional, desde que decidamos usar tudo o que nos acontece como uma oportunidade para manifestarmos o melhor de nós mesmas e nos colocarmos em direção ao nosso propósito de vida. Das pequenas às grandes coisas, das alegrias do dia a dia aos problemas que parecem sem solução. Tudo.

As oportunidades para manifestar o seu propósito são infinitas e estão por toda parte.

Vai tomar café da manhã? Observe como seus quatro acordes podem estar presentes para compor essa canção e tomar seu café em harmonia.

Vai trabalhar? Adicione seus quatro acordes nessa marchinha e observe os resultados do seu trabalho acontecerem de forma muito mais fluida e com resultados muito mais significativos.

Alguém importante lhe disse “Precisamos conversar!”? Que tal, em vez de já ficar ansiosa, ensaiando mentalmente as versões mais horríveis que essa conversa pode assumir, você relembrar seus quatro acordes e o seu propósito e, assim, levá-los com você para essa conversa? Por pior que ela possa ser, aposto que, de posse dessas ferramentas, ela se tornará muito mais fácil e mais leve.

É assim que nós vamos compondo a melhor música possível para tocarmos a cada acorde, e a vida vai se transformando lentamente, como mágica, na melodia que você criou.

Você passa a orquestrar seus sonhos e seus desejos conforme encaixa, em cada pequena oportunidade, os seus acordes.

Uma vida em harmonia é a sinfonia que toca quando você reconhece o seu propósito de vida e afina seus instrumentos nesse tom, encaixando, a partir daí, cada acorde, livremente.

Se você tem mais de 40 anos, assim como eu, provavelmente deve se lembrar de uma propaganda dos anos 1980 do biscoito Tostines, que dizia: "Tostines vende mais porque é fresquinho ou é fresquinho porque vende mais?" Essa propaganda nos ajuda a entender como podemos aplicar nossos acordes a cada canção que tocarmos a partir de agora e, assim, criarmos a nossa grande sinfonia do propósito: "Eu vivo de propósito porque uso meus quatro acordes para fazer minhas escolhas ou minhas escolhas estarão em harmonia quando eu viver de propósito?"

As duas coisas estão corretas.

Tostines vende mais porque é fresquinho, já que os clientes não querem comprar biscoitos murchos, e também é fresquinho porque vende bastante, assim não dá tempo de ficar embolorando nas prateleiras do supermercado. Essa é a genialidade dessa propaganda — e também da sua descoberta!

Você tem em mãos duas ferramentas que não apenas se complementam, mas também é possível utilizar uma como "prova dos nove", que lhe permite verificar se a outra foi usada corretamente.

Eu vivo de propósito porque faço minhas escolhas filtrando cada uma delas pelos meus quatro valores. Eu uso meus quatro valores como filtros para tomar as minhas decisões porque vivo de propósito.

É só manter estas duas coisas conscientes: sua afirmação de propósito e seus quatro acordes. E você vai passar a observar o mundo através das lentes do seu propósito de vida.

Assim, enxergará, em meio a tantas oportunidades, aquelas que lhe permitem ir em direção dos seus sonhos e fazer suas escolhas de forma a acelerar esse processo.

Vai passar a ignorar muita coisa que via o tempo todo.

Vai passar a enxergar muita coisa que queria ver, mas não via.

Mais ou menos como este exercício que eu vou propor agora:

1. Olhe em volta de você, aí mesmo onde você está, e busque encontrar todos os elementos ou objetos vermelhos que estão aí.

Atenção, só passe para o segundo passo após concluir o primeiro!

Agora, olhe apenas para o livro e responda:

2. Quais são os objetos verdes que estão presentes nesse ambiente?

Se você seguiu a regra do nosso jogo direitinho, provavelmente sabia muito mais dos vermelhos que dos verdes. A vida também é assim.

Se você procura motivos para ganhar mais dinheiro, ser mais feliz, viver um amor livre e maduro, encontrar amigos sinceros e leais, ver a beleza das pequenas coisas, ter alegria e leveza no dia a dia, conquistar um trabalho próspero e que a realize, vai encontrar tudo isso pelo caminho.

Agora, se você anda pela vida repetindo as mesmas crenças limitantes de sempre: “Eu tenho o dedo podre, nada dá certo pra mim, meu trabalho é uma droga, minhas amigas são todas falsas, meu chefe é um idiota e a vida é um saco!”, é essa a realidade que vai encarar. A vida nos dá mais daquilo a que escolhemos prestar atenção (conscientemente ou não).

Como você deu todos esses passos aqui, vou deixá-la com uma missão: observar a sua vida através das lentes do propósito e compor as suas escolhas utilizando seus quatro acordes.

Faça isso e treinará a si mesma a ter cada vez mais daquilo que você decidiu que quer e merece.

Faça isso e estará cada vez mais apta a não só enxergar, mas também a aproveitar e desfrutar de cada oportunidade que a vida colocar em seu caminho.

Lembre-se: a vida é abundante em oportunidades e está sempre colocando muitas delas em seu caminho. Quando não estamos treinadas, passamos por cima delas, sem nem ao menos notarmos que elas estão lá. Treine seu olhar para enxergar a vida através de seus próprios filtros dos acordes e do propósito, e a vida começará a esfregá-las, uma a uma, na sua cara.

Mesmo que, num certo dia, você acorde de mau humor, com aquela "preguiça de ser feliz", não poderá ignorá-las. Uma pequena distração e, quando se der conta, estará vivendo feliz novamente, abraçada a uma boa oportunidade de comer algo gostoso ou de dar uma boa gargalhada com uma piada boba qualquer.

A mágica da vida consiste nisso.

Estarmos felizes, motivadas e realizadas no dia em que nos formamos, nos casamos, fomos promovidas ou encontramos 50 reais do bolso da calça é fácil. O desafio está em sermos felizes em todos os demais dias. Coisas dão errado, isso faz parte da vida. Quanto mais dermos atenção a essas coisas, mais estaremos escolhendo prolongar o nosso sofrimento, enquanto desperdiçamos todas as coisas boas que também estão presentes e que são, justamente elas, que fazem a gente sentir que a vida vale a pena apesar de todo o resto.

Até que a morte nos separe

Eu me lembro de uma vez, conversando com uma amiga psicóloga, em que eu perguntei a ela sobre quais eram as queixas mais frequentes de seus pacientes no consultório, ao que ela respondeu: “São os casos de amor. ‘Quem eu amo não me quer, quem me quer eu não quero, eu amo demais, eu não sei amar, não consigo me apaixonar, tenho dificuldade em conviver...’ E por aí, vai!”

Pensando nisso, cabem outras perguntas, que eu faço agora a você: quem é a pessoa com quem inevitavelmente você irá conviver desde o momento de seu nascimento até o momento em que morrer? Quem é a pessoa que você terá, sem opções, que aguentar em cada drama, chatice, birra e momentos de mau humor? A quem deverá amar, respeitar, na saúde e na doença, até que a morte as separe?

Se você respondeu: “Ué, eu mesma! Lógico!”, parabéns, você entendeu tudo!

Casamento é importante? Claro que é, afinal de contas, estamos falando da pessoa com quem você escolheu compartilhar a sua vida, dividir a cama e as contas. É muito importante.

Família é importante? Claro que sim. São seus laços com o passado, fazem parte da sua história, ensinaram você a ser muito do que é hoje. Se tiver a sorte de ter uma família abundante em apoio e amor, é mais importante ainda.

Filhos? Nem se fala, aquelas criaturinhas perfeitas, lindas e inteligentes (mais que os filhos de qualquer outra pessoa), que a gente ama o tempo inteiro com poucas e breves exceções. São uma das coisas mais importantes da vida.

Mas a sua relação com você mesma é mais.

Ela supera, é mais importante e merece ainda mais atenção que todas as demais.

Por quê? Porque é, dentre todas as outras, a única que é mandatória, nada opcional. Você veio para este mundo presa a si mesma e terminará esta história assim. Se você não se ocupar em criar bons laços com quem você é e com o que quer da sua vida, desculpe-me o palavreado, mas, inevitavelmente, viverá uma vida de merda.

"Mas, Branca, pensar assim não é meio egoísta?"

Uma pessoa que deseja ser o centro das atenções e quer que todas as outras orbitem em torno de seu umbigo é egoísta.

Uma pessoa que reconhece que é o centro da própria vida e assume a responsabilidade a partir dessa constatação é uma mulher madura e consciente, que, de brinde, ainda permite que os outros façam o mesmo.

Assim, nada mais justo que oficializarmos as regras, o plano, os sonhos e a direção dessa união.

Esse é o casamento que mais importa e o único que poderá fazer com que qualquer outro laço que tenha escolhido manter em sua vida realmente funcione, seja com um amor, com um trabalho, com um projeto, com seus pais ou com seus filhos.

Deixar esses votos claros para nós mesmas nos faz celebrar, mesmo que internamente, toda essa construção que fizemos, juntas, aqui.

Escrevê-los nos faz oficializar nosso compromisso de nos mantermos conectadas à nossa essência e presentes em nosso propósito de viver plenamente.

Agora é oficial: você é uma mulher que vive de propósito.

Pode fazer de conta que não, se quiser.

Pode fingir que esqueceu tudo isso, assim que a última página for virada, se quiser.

Pode fingir que foi só mais um livro que você leu, se quiser.

Mas não pode fingir para si mesma para sempre.

E essa é a mágica que este livro faz!

Tudo que você viu aqui, como se diz em memes por aí:

É IMpossível "DESver"!

Nosso penúltimo exercício, e o mais especial dentre todos, na minha opinião, é este: escreva seus votos de casamento com você mesma e com a sua vida de propósito. Seja poética, detalhista, caprichosa, precisa, corajosa e um pouco louca. Aventure-se a escrever essa carta, a ser lida para si mesma, de forma a deixar bem claro, com todos os detalhes, o combinado que está fazendo com você mesma, deste ponto da sua vida até o fim.

Não aceite nada menos que a melhor vida que puder imaginar.

Faça suas rimas e faça desta carta o seu maior compromisso.

Aí é só escolher, diariamente, não abrir mão de nada que escreveu nela, nunca mais, e você será...

feliz
para
sempre

Meus votos...

Um Diário de Propósito

Faça, nas próximas páginas, o seu Diário de Propósito com o seguinte exercício.

Logo pela manhã, repita a si mesma, de preferência em voz alta, a seguinte afirmação, completando-a com os valores já definidos por você: “Meu propósito é fazer da minha vida uma plena experiência de (e complete). Hoje irei compor cada escolha com os meus quatro acordes: (adicione aqui os seus quatro valores). Assim, viverei em HARMONIA!”

Antes de dormir, relembre como foi seu dia e em quais momentos seu propósito e seus valores a apoiaram a fazer diferente. Anote, pelo menos, uma oportunidade que você tenha encontrado para manifestar seu propósito e, também, ao menos uma decisão que tenha tomado utilizando-se dos seus quatro acordes para afiná-la. Aproveite ainda para descrever como se sentiu ao fazer isso e o resultado que teve. Anote tudo o que quiser em seu diário.

Repita esse exercício durante 30 dias seguidos.

A leitura e os exercícios que fez até aqui tornaram assuntos como valores e propósito conscientes para você. A ideia desse diário é transformar essas novas competências em hábitos.

Temos a tendência a fecharmos os livros que lemos após concluí-los e também e colocamos dentro de nós, com um ponto-final no assunto lido e nas lições aprendidas.

Quando o livro acaba é que os verdadeiros desafios começam: manter o assunto presente, exercitando diariamente o que aprendeu, para transformar, pouco a pouco, o foco em seu propósito em um hábito é o que fará da sua afirmação parte de quem você é.

FAÇA ISSO
uma vez
e se sentirá
"FODA"!
FAÇA ISSO
diariamente
e
viverá de propósito

Dia 1

Dia 2

Dia 3

Dia 4

Dia 5

Dia 6

Dia 7

Dia 8

Dia 9

Dia 10

Dia 11

Dia 12

Dia 13

Dia 14

Dia 15

Dia 16

Dia 17

Dia 18

Dia 19

Dia 20

Dia 21

Dia 22

Dia 23

Dia 24

Dia 25

Dia 26

Dia 27

Dia 28

Dia 29

Dia 30

Glossário do Propósito

Metas

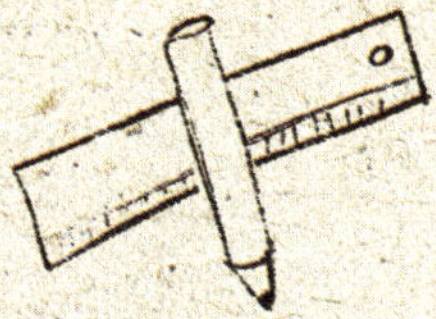

Objetivos que você tem na vida.

Quando, a entrar em ação, um sonho te convida.

São aquelas coisas que você quer alcançar e que acredita que ficará feliz quando chegar.

É saber o que quer, quanto quer, de que maneira quer e quando quer.

É identificar os recursos, as ferramentas e os aprendizados que tudo isso requer.

Dentro de você, brotam metas infinitas, a fonte é o seu querer.

Não importa quantas você vai realizar, uma nova sempre vai aparecer.

É como chocolate:

Quando não tem, você quer.

Quando tem, se delicia.

Quando acaba, já está querendo o próximo!

Fique atenta, pois é péssimo você nunca se sentir satisfeita.

E lembre-se: a ambição pode caminhar lado a lado com a gratidão.

São proporcionais ao que acredita sobre si mesma.

E do tamanho exato das suas crenças.

Missão

São objetivos que quando alcançados mudam o mundo em volta de você, nos dias de hoje, pode até parecer algo meio *démodé*.

Pode ser algo tão grandioso como:

A cura do câncer, você descobrir.

É quando a sua heroína interior chama você para, uma missão, cumprir.

Também pode ser algo tão minúsculo quanto desviar o caminho para, em uma formiga, você não pisar.

É a vontade de fazer a diferença, em seu peito, abrigar.

Quanto mais alinhada ao seu propósito sua missão estiver, mais rápido você se tornará "aquela MULHER".

Que é tudo que pode ser e vive a vida que você quer.

É o que nos traz REALIZAÇÃO.

É presentear o mundo com a nossa ação.

Colocando em prática nossa maior inspiração.

Oferecendo ao mundo o melhor que temos em nosso coração.

Visão

É quando você imagina o futuro que quer viver.

De forma tão clara que até pode ver.

É uma degustação do futuro.

É decidir o rumo da sua vida, saindo de cima do muro.

É começar a criar hoje o futuro que você quer.

É decidir se tornar a melhor pessoa que puder.

É um binóculo que faz você conseguir ver de perto o que ainda é distante.

É reconhecer que a vida passa em um instante.

É saber...

Que é no presente que o seu futuro começa a acontecer.

É uma visão clara do que você quer realizar e experimentar nesta vida.

E faz com que você nunca mais veja a vida como um beco sem saída.

Permite a você experimentar: como me sentirei quando chegar lá?

É descobrir o que precisa aprender para alcançar.

É, com a vida que quer viver, você mesma se presentear.

É olhar para a sua vida como ela é.

E criar a vida que você quer.

Valores

O que indica aquilo que é valioso ao seu coração.

Um alarme que avisa se o caminho está certo ou não.

As experiências que quer viver traduzidas em palavras.

É autoconhecimento suficiente para viver uma vida às claras.

Palavras que podem ter um significado único para cada uma de nós.

É entender que a vida é como um caminho de dominós:

Plantar e colher, causas e consequências.

É escolher não viver de aparências.

Uma hierarquia de critérios para tomada de decisão.

Tudo que é importante, valioso, relevante, conveniente e adequado para o seu coração.

É um sinal enviado pela sua intuição.

É o que dá MOTIVAÇÃO.

O que nos mantém no caminho certo.

O GPS do propósito.

E a consciência do seu próprio mérito.

Crenças

É quando um simples pensamento se fantasia de verdade absoluta.

Você até tenta pensar de outra forma, mas a sua mente reluta.

Podem ser de muitos tipos: sobre o amor, o dinheiro, sobre si mesma e sobre qual a melhor conduta.

É uma generalização; de pensamento crítico, ela é desprovida.

É quando uma ideia ganha vida.

Ao invés de ser comandada por você, é ela quem manda, toda atrevida.

Ela acha que decide o que é mais importante e deve vir primeiro.

Se estivermos distraídas, deixamos, já que é algo tão costumeiro.

Quando nos contamos, não sabemos como interromper.

Só resta obedecer:

Quais viagens devo fazer?

"Ah... Eu até quero, mas não devo merecer!"

É cada um dos "Eu não consigo" e "Tenho que" que moram aí, dentro de você.

legado

A herança que você deixa em forma de histórias.

As lições deixadas com a sua trajetória.

É cada bom exemplo.

O que permanece de seus ensinamentos.

É quando você se torna eterna.

É ser, na vida dos demais, uma lanterna.

É ver quem você é sendo multiplicado.

Aquilo que deixamos quando vivemos uma vida rica em significados.

Ser único, valioso, especial para alguém.

É preciso decidir não viver uma vida aquém.

É CONTRIBUIÇÃO.

A herança que não fica guardada no banco, mas no coração.

Propósito

Aquilo que abraça a sua missão, seus amores, sua história, seus sonhos e sua profissão.

O que lhe permite dar cada passo na vida e tomar cada decisão.

Com consciência, clareza e intenção. É retidão.

Saber viver na direção para qual aponta o seu coração.

Depende de autoconhecimento.

Impõe discernimento.

É ser incomodada pela própria consciência.

Questionar a si mesma, sabendo a diferença entre a sua opinião e a ciência.

É quando, o avião da sua própria vida, você pilota.

É não aceitar, jamais, uma vida torta.

É entender que, quem você é e tudo o que você faz,

Sempre vão transbordar na vida dos demais.

É fazer a vida valer a pena, a cada segundo.

Cuidar bem do seu próprio mundo.

É viver uma vida que vale a pena.

Ser alguém que, perante os grandes desafios da vida, não se apequena.

É se conectar ao seu próprio significado de felicidade, fazendo suas escolhas intencionalmente nessa direção.

É, antes de cada decisão, ouvir sua intuição.

É, na música da vida, compor sua própria melodia,

Descobrindo os acordes que criarão uma vida em harmonia.

É quando, a sua própria história, você tece.

É aquilo que a maioria das pessoas desconhece.

Era uma vez...

Branca Barão

Perdeu o pai, sua grande inspiração, aos 16 anos. Saiu de casa aos 18. Foi morar com o namorado em um apartamento emprestado, com a condição de levar consigo a avó.

Trabalhava durante o dia; à noite ia para a faculdade de Publicidade e Criação. No pouco tempo que tinha em casa, além de cuidadora da avó, idosa e doente, vivia rodeada por boletos que não dava conta de pagar e por mentiras que contavam a ela.

Ela acreditava.

Já estava vivendo seu primeiro relacionamento abusivo, mas nem imaginava.

Perdeu a avó quatro meses depois.

Passou os próximos cinco anos pagando parcelas mensais de 600 reais do próprio apartamento.

Engravidou aos 23 anos. Teve depressão na gestação. Engordou mais de 50 quilos. Ela não sabia que era depressão. Ouvia que era uma pessoa descontrolada, ansiosa e sem disciplina.

Ela acreditava.

Em agosto, de 1999, se tornou mãe.

Era o momento mais feliz da sua vida.

Quando seu filho estava com um pouco mais de um ano, ela, com um pouco mais de clareza da realidade que vivia, se separou.

Vendo o filho esperando pelo pai por horas, sentado no degrau da portaria do prédio, com a mochila nas costas, ela soube: era mãe solo. Sem pensão, sem rumo, sobravam julgamentos, faltava apoio.

"Quem pariu Mateus que o balance".

Numa manhã qualquer, quando um novo proprietário apareceu em sua porta, ela descobriu que seu apartamento tinha sido vendido, pela pessoa em quem ela mais confiava na vida, sem o seu consentimento.

O novo proprietário tinha um contrato.

Ela, 30 dias para sair de lá.

Na tarde do mesmo dia, participou de um processo seletivo para o que considerava ser o emprego dos seus sonhos, coordenadora editorial de uma revista que ela amava. Foi aprovada em um processo seletivo com muitas candidatas.

No dia seguinte, recebeu uma ligação do departamento pessoal da empresa dizendo que ela não poderia ser contratada pois estava com o "nome sujo". Descobriu, dessa forma, que tinha sido usada como "laranja" pela segunda pessoa em quem ela mais confiava na vida.

Ela não sabia dizer não.

Decidiu se mudar para o mais longe que podia, na esperança de recomeçar.

O assunto da festa de Natal daquele ano, para a qual ela não havia sido convidada, era a necessidade de tirarem o "menino" das mãos daquela mãe irresponsável que estava completamente louca.

Ela acreditava.

Dava aulas particulares de informática e fazia trabalhos gráficos e sites para alguns clientes. Trabalhando de casa, poderia também cuidar do filho.

Um desses clientes a convidou para um trabalho em uma grande rede de farmácias no Paraná.

Sem crédito, com 300 reais no bolso e de mãos dadas a um menininho com três anos de idade, pegou um ônibus para Foz do Iguaçu. Usou quase todo o dinheiro que tinha para fazer o depósito e alugar um pequeno apartamento.

Com os 22 reais que sobraram, ela comprou leite e carne moída no supermercado.

No pequeno apartamento alugado, além de um grande vazio, havia um fogão, uma geladeira e um colchão de casal.

O "zero" era um lugar repleto de oportunidades.

Ela acreditava.

Após trabalhar um mês inteiro, tomou um calote do cliente. Ficou sem dinheiro para pagar o aluguel.

Passava os dias andando pela cidade, entregando currículos. Foi chamada para uma entrevista em uma escola de informática. O dono da escola, Luiz Antunes, disse a ela: "Senta aqui na minha cadeira que eu quero ver você nela!".

Ela sentou, ele decidiu: "Você leva jeito pra ser chefe, vai coordenar a minha escola".

Ela acreditava.

Foi coordenadora pedagógica da Microlins de Foz do Iguaçu.

Selecionou os melhores professores, montou uma equipe incrível, deu aulas de matérias que aprendeu sozinha, criou palestras para atrair novos alunos, deu entrevistas na televisão local.

Experimentou, pela primeira vez, o que sentimos quando somos tudo que podemos ser.

Foi convidada pelo chefe a voltar para o estado de São Paulo:

"Foz é pequena demais para você, minha querida!".

Se mudou para Campinas aos 30 anos. Alugou uma casa pela internet. Ao chegar com a mudança, descobriu que a casa alugada era um chalé de madeira e ficava num bairro rural. Ela encarava mais de uma hora de estrada de terra todos os dias.

Descobriu a Programação Neurolinguística, PNL, no livro *Desperte o Seu Gigante Interior*, do Tony Robbins. Era o que ela queria aprender, ensinar e viver.

Pesquisou no Google e descobriu uma escola maravilhosa: a Actius ficava justamente na cidade para a qual ela tinha acabado de se mudar.

Vendeu seu carro, um Clio que pagou em 36 parcelas, para fazer sua primeira formação de Programação Neurolinguística. Ficou com um carro velho na troca. O motor desse carro fundiu alguns meses depois.

Ela pagou sua segunda formação de PNL à vista.

Comprou o próximo carro à vista também.

Era um Escort 93, azul metálico. O antigo dono tinha morrido dentro do carro, por isso ele foi vendido pela família por uma pechincha. O carro "novo" foi batizado por ela de "Trovão Azul".

Apaixonou-se pelo universo do comportamento humano. Aprendeu tudo que podia. Fez todos os cursos. Comprou mais livros do que era capaz de ler. Leu cada um deles.

Descobriu que tinha mais crenças limitantes do que poderia carregar, e por isso a vida era tão "pesada". Passou a se empenhar todos os dias para se livrar de cada uma delas e a usar consigo mesma, em primeiro lugar, tudo que aprendia.

Começou a dar treinamentos para empresas. Ganhava 350 reais por dia de treinamento. Na véspera de cada treinamento, ela tinha crises de ansiedade e insônia. Na ida para os locais onde seriam os treinamentos, ela rezava o caminho todo para que algo acontecesse e o treinamento fosse cancelado.

Depois de passar a vida ouvindo que não era boa o suficiente, ela acreditava.

Quando cada treinamento acabava, a felicidade alimentava a coragem necessária para encarar a próxima turma.

Perdeu as contas de quantas vezes ficou rouca e de quantas vezes o Trovão Azul ficou sem bateria no final de um dia.

Descobriu um cisto na prega vocal no mesmo ano em que montou a própria consultoria.

Mesmo assim, ela ainda acreditava.

Em três noites em claro, fez um site repleto de lagartas, casulos e borboletas.

Já bastava de rastejar, agora era hora de voar.

Mais três noites sem dormir e fez uma lista, indo de site em site, com e-mails do RH das empresas para as quais ofereceria seu trabalho.

A primeira resposta foi do Bank Boston, que solicitou uma reunião.

O Trovão Azul, que não era bom o suficiente para estacionar em um cliente tão importante, ficou aguardando a duas quadras de distância.

Ela fechou várias turmas de treinamento para secretárias nessa reunião.

Para poder receber pelo trabalho que faria, foi ao banco abrir uma conta "Pessoa Jurídica". Era preciso fazer um depósito inicial. O valor desse depósito, feito em moedas, foi de R$ 1,75. Era todo o dinheiro que ela tinha.

Depois também recebeu respostas da Amway, da Caixa Econômica, da Credicard, do Citi e do Banco Itaú, da Tintas MC, da Honeywell, da Anefac, Ecovias, Embrapa, Marisa, Gula-Gula, Nepos, Sagra, Takata.

Foi indicada por um cliente, que se tornou seu amigo, João Henrique Ribeiro, para a Sodexo.

Branca já falava sobre protagonismo, propósito e mudança, temas que ela aprendeu na PNL e se "pós-graduou" na vida.

Escreveu seu primeiro livro, *8 ou 80: Seu melhor amigo e seu pior inimigo moram aí, dentro de você!*.

Uma cliente, que se tornou sua amiga, Fabiana Guimarães Rosa, a apresentou para os irmãos Alexandre e Sérgio Mirshawka, que, além de amigos da Fabi, eram os donos da Editora DVS. Branca apresentou o projeto do livro, e eles decidiram publicá-lo.

O livro tornou-se um *best-seller*, foi citado em listas de mais vendidos da *Veja* e da *Publish News* e apresentado pelo Faustão em seu *Domingão*.

Era o momento mais feliz da sua vida.

Conheceu um novo amor no site Par Perfeito.

Realizaria o sonho de ter uma família estruturada, feliz, e daria, finalmente, um pai para o seu filho. Infelizmente não era amor, era estelionato.

Em uma noite, após assistir a um episódio de *Lost*, foi dormir sem nenhuma dívida e acordou, devendo mais de 300 mil reais. Enquanto ela acreditava que as contas eram pagas, o dinheiro do seu trabalho estava sendo direcionado a um "caixa 2" pela terceira pessoa em quem ela mais confiava na vida.

Entre visitas de oficiais de justiça, execuções de busca e apreensão, ação de despejo, idas à Delegacia da Mulher, lei Maria da Penha, termo de restrição, impostos atrasados, plano de saúde cancelado, descoberta de rastreador no celular, ela não recomeçou do zero dessa vez. Recomeçou de um buraco com 300 mil reais de profundidade.

Tatuou uma Fênix no ombro direito.

Essa era a hora de renascer das cinzas.

Ela acreditava.

Em 2010, foi convidada a ser a principal palestrante da convenção anual da Sodexo. Era um evento para quase 500 pessoas. Ela negou, disse: "Não faço palestras, faço apenas treinamentos para turmas de até 30 ou 40 pessoas, no máximo".

"Branca, você não é voz e violão para tocar em barzinho, você é banda de Rock in Rio!", disse sua cliente, que se tornou sua amiga, Raquel Trindade.

Ela acreditava.

Fez a palestra de encerramento da convenção, subiu no palco logo após o Oscar Schmidt, do basquete. Foi aplaudida de pé.

Era o momento mais feliz da sua vida.

Depois disso, palestrou em grandes eventos, para empresas como Ache, AACD, Algar, AstraZeneca, Avon, Next, Azul, Beach Park, Correios, Droga Raia, Drogasil, Eudora, Eurofarma, FAAP, FGV, PremierPet, Johnson & Johnson, Mondelez, Unimed, Natura, Avon, Nespresso, Tokyo Marine, Itaú, Tupperware, o Boticário, C&A, Cobasi, General Mills, GRAAC, Iron Montain, JBS, Península, Pernambucanas, Pão de Açúcar, Rede Globo, Rio Quente, Sanofi, Sebrae, Servimed, Theraskin, Honda e Bradesco, sempre com as melhores avaliações.

Um amigo, que virou seu cliente, Sérgio Mena Barreto, a convidou para se apresentar no Encontro de Mulheres Pague Menos para uma plateia de 12 mil mulheres.

Participou de grandes congressos de treinamento e desenvolvimento. Ganhou prêmios.

Aos 40 anos se deu de presente um salto de paraquedas. Descobriu que sua coragem tinha tanto valor quanto as mudanças que ela promovia com as palestras que fazia. Nesse dia, o preço das palestras dobrou, assim como sua autoestima.

Atualmente, recebe, por cada palestra de uma hora, o equivalente ao valor de sete Trovões Azuis.

Seguiu colecionando decepções até ter clareza de que o método que usava em seus treinamentos corporativos poderia ser utilizado em sua vida amorosa. Traçou o perfil do homem com quem estaria disposta a se relacionar novamente, caso um dia ele aparecesse.

Esse homem deveria ser alto, carinhoso, divertido, gostar de cachorro, de viajar e de comer coisas gostosas. Se tocasse violão, melhor. Se fosse psicólogo ou da área de comportamento humano, assim como ela, melhor ainda, eles teriam muito para conversar. Ela o encontraria na sala de embarque de um aeroporto, numa livraria ou em um café.

Escreveu tudo isso em uma "carta para a vida", no dia 21 de novembro de 2018.

Quando desistiu de procurar, ela o encontrou.

Em uma quinta-feira, dia 14 de fevereiro de 2019, Branca levaria o filho na aula de desenho. Como estava com a tarde livre, aproveitou para marcar uma massagem. Estava saindo de casa, quando uma cliente, que se tornou sua amiga, Patrícia Biasoli Roque, mandou uma mensagem pedindo uma proposta com urgência.

Branca desmarcou a massagem e procurou no Foursquare um café com internet próximo à escola de desenho do filho.

Conheceu o Ricardo no Café com Gato, em Campinas, naquela tarde. Entre *capuccinos*, trocaram olhares e telefones. No dia seguinte tomaram café novamente, juntos, dessa vez. Em uma semana viajaram de carro para Florianópolis. Em quinze dias foram morar juntos.

Ela e ele acreditavam.

Ricardo é alto, carinhoso, divertido, gosta de cachorro, de viajar e de comer coisas gostosas. Toca violão. É psicólogo. Eles têm muito para conversar.

Quando Branca conheceu Ricardo, ela tinha dois cachorros. Hoje, eles têm oito cães e uma gata. Moram em uma chácara com piscina, campo de futebol e muito espaço para reunir os sonhos, os filhos e os cachorros.

Em 2021 ela montou um curso exclusivo para mulheres, Mulheres de Propósito, no qual ensina tudo que aprendeu sobre como viver uma vida maravilhosa, autêntica e com propósito.

No mesmo ano, escreveu *A Mulher que Vivia de Propósito*. Quando este livro foi lançado, estava escrevendo também o *Pequeno Dicionário para uma vida com Propósito*. Seu filho, Gabriel, é desenhista e está ilustrando um novo livro em parceria com a mãe, que será lançado também no início de 2022, *VIDA: Uma aventura só de ida!*. Todos, pela DVS Editora.

É o momento mais feliz da sua vida.

Branca é a mulher que vive de propósito. A vida que vive hoje representa exatamente aquilo que felicidade, sucesso e realização significam para ela.

Seu plano?

Ser feliz para sempre.

Por enquanto, está dando tudo certo!

Ela continua acreditando.

Sucesso é uma questão de fé

Cibele Maldonado

Analista financeira e desenhista. Assim mesmo, tão exata e tão artista!

Mãe de três, em duas gestações: Guilherme, já adulto, Mariana e Eduardo, 14 anos mais novos que o irmão. Esposa do Rogério.

Filha de uma professora de ensino infantil, e pianista, e de um vendedor de pilhas Rayovac a planos de viagem.

Já quis voar até a lua, ser Paquita ou filha do Silvio Santos. Na verdade, meu sonho era era ser criança para sempre, com toda a liberdade e autenticidade que só uma criança sabe o que significa.

Adulta, longe da Xuxa, dos foguetes e do Silvio, descobri "a cura da vida adulta": Ser artista.

A arte foi o que encontrei enquanto procurava outra coisa, um sentido para a minha vida: Meu propósito.

Comunicativa, descobri que havia ali, no desenho que fazia, uma oportunidade de emocionar e fazer sorrir, as palavras não eram mais necessárias.

Junto com essa descoberta conheci a Branca Barão e seu método sobre como encontrar o Propósito.

Pluft! A grande ficha caiu, meu papel nesse planeta é:

traduzir sentimentos em arte,
com alegria, leveza e coragem!

Desde então, viver tem sido mágico.

Os óculos que essa descoberta me deram de presente, me fizeram enxergar aquele mesmo mundo em que eu já vivia há tanto tempo, de uma forma completamente diferente!

Foi assim que aceitei o desafio de ilustrar este livro, com um conteúdo tão valioso!

DVS
EDITORA

www.dvseditora.com.br

Impressão e Acabamento | Gráfica Viena
Todo papel desta obra possui certificação FSC® do fabricante.
Produzido conforme melhores práticas de gestão ambiental (ISO 14001)
www.graficaviena.com.br